beck'sche reihe

länder

bsr

Ausgangs- und bisweilen auch Endpunkt der meisten Estland-Reisen ist Tallinn. Die Stadt verbindet eine mittelalterliche Atmosphäre mit modernen Annehmlichkeiten. Auf dem Domberg und im Zentrum zu seinen Füßen fühlt man sich bisweilen wie in einem riesigen Freilichtmuseum. Alte Häuser, Türme, Kirchen und Torbögen haben die Jahrhunderte weitgehend unbeschadet überstanden. Viele Inschriften zeugen von der deutschen Epoche. Ohne Zweifel: Das Baltikum rückt uns wieder näher. Nachdem Estland 1991 erneut in diesem Jahrhundert seine Unabhängigkeit erlangt und Präsident Lennart Meri als politisches Ziel die „Rückkehr nach Europa" verkündet hat, reisen immer mehr Besucher in das Land. Klemens Ludwig zeigt die politischen Orientierungen, die Schwierigkeiten im Aufbau der Wirtschaft, aber auch die reichen Schätze des Landes: seine unverbrauchte, hinreißende Landschaft sowie das reiche kulturelle, musikalische und literarische Leben Estlands.

Klemens Ludwig arbeitet freiberuflich als Publizist und Radio-Journalist und war langjähriger Mitarbeiter der Gesellschaft für bedrohte Völker. Veröffentlichungen u. a.: „Bedrohte Völker" (bsr 303); „Ethnische Minderheiten in Europa" (bsr 1115); „Tibet" (bsr 824); „Birma" (bsr 870).

Klemens Ludwig

Estland

Verlag C. H. Beck

Mit 19 Abbildungen und 1 Karte

(Fotos ohne Quellenangabe: mit freundlicher Genehmigung des Estnischen Fremdenverkehrsamtes)

Die Deutsche Bibliothek – CIP-Einheitsaufnahme

Ludwig, Klemens:
Estland / Klemens Ludwig. – Orig.-Ausg. – München : Beck, 1999
(Beck'sche Reihe ; 881 : Länder)
ISBN 3 406 44781 3

Originalausgabe
ISBN 3 406 44781 3

Umschlagentwurf: +malsy, Bremen
Umschlagbilder: Seite 1: Flötenspielerin – Foto: Susan Lamèr;
Seite 2: Apothekenschild – Foto: Christian Prager © Belser Reich Verlag;
Seite 3: Volkstrachten auf der Insel Moon – Foto: Herder Institut
C. H. Beck'sche Verlagsbuchhandlung (Oscar Beck), München 1999
Gesamtherstellung: Kösel, Kempten
Gedruckt auf säurefreiem, alterungsbeständigem Papier
(hergestellt aus chlorfrei gebleichtem Zellstoff)
Printed in Germany

INHALT

„DIE GRÖSSTE ERRUNGENSCHAFT IST, DASS WIR DA SIND“

Auf die Frage, was die größte Errungenschaft seines Landes sei, antwortete ein Journalist einmal ganz unpathetisch: „Die größte Errungenschaft der Esten ist, daß wir da sind.“ Bei näherem Hinsehen ist diese Feststellung gar nicht so bescheiden, denn die Esten sind das einzige finno-ugrische Volk im Bereich der südlichen Ostsee, das es heute noch gibt; von wenigen tausend Liven in Lettland einmal abgesehen. Seit zwei Jahrtausenden verlaufen durch ihr Siedlungsgebiet wichtige Handelsrouten, die den Norden mit dem Süden Europas verbinden, und seit etwa 800 Jahren versuchen die umliegenden Großmächte, sich das Land direkt anzueignen. Dänen und Deutsche, Schweden und Russen – sie alle sahen in den Esten nicht mehr als Bauern auf dem Schachbrett ihrer Machtpolitik. Bis an den Rand der Vernichtung wurde die estnische Kultur aber erst in diesem Jahrhundert gebracht. Der unselige Hitler-Stalin-Pakt vom September 1939 gab dem sowjetischen Diktator freie Hand für die Annexion des Landes, und nach dem Zweiten Weltkrieg sank der estnische Bevölkerungsanteil innerhalb weniger Jahrzehnte von 88 auf 61 Prozent. Doch die Sowjetunion tat sich keinen Gefallen damit, das kleine, auf seine Eigenständigkeit bedachte Volk derartig zu demütigen. Bei einer in Rußland veröffentlichten Umfrage, wer die wichtigste Rolle beim Zerfall der Sowjetunion gespielt habe, wurde Estland an erster Stelle genannt, noch vor den USA und verschiedenen europäischen Staaten. Die beharrliche, wenn auch nicht ganz so spektakuläre und bisweilen laute Art des Widerstands wie etwa in Litauen, hat bei den Russen offenkundig eine nachhaltige Wirkung und Respekt hinterlassen.

Es war aber nicht nur die brutale Unterdrückung der estnischen Kultur, die das Volk gegen die sowjetische Annexion aufbegehren ließ. Die Esten haben sich immer eher Westeuropa denn Osteuropa zugehörig gefühlt. Präsident Lennart Meri bezeichnete in einer Fernsehansprache vom 7. Juli 1993 die Wiedererlangung der Unabhängigkeit gar als „Rückkehr nach Europa“. Estland als Teil der europäischen Familie verstärkt ins Bewußtsein zu rufen, ist eine wichtige Aufgabe. Das Lebensgefühl der Menschen, ihre Hoffnungen und Befürchtungen können aber nur vor dem Hintergrund ihrer Geschichte und ihrer kulturellen Tradition verstanden werden.

Daß nicht wenige Menschen westlich der Oder diesen Teil Europas weitgehend aus dem Blick verloren haben, wird in Estland ebenso mit Bedauern registriert wie die Tatsache, daß es der Vater der deutschen Wiedervereinigung, der frühere Bundeskanzler Helmut Kohl, in 16 Dienstjahren nicht geschafft hat, auch nur einmal das Baltikum zu besuchen – von der Teilnahme am Ostseegipfel in Riga abgesehen –, während Rußland zu seinen häufigsten Reisezielen außerhalb der EU zählte. Dabei ist Deutschland nicht erst seit dem Hitler-Stalin-Pakt auf besondere Weise mit dem kleinen Land an der Ostsee verbunden. In den letzten 700 Jahren haben Deutsche die dortige Entwicklung maßgeblich mitgestaltet. Der deutsche Einfluß hat viele Gesichter und entzieht sich einer pauschalen Bewertung. Neben adeligen Gutsherren, die ihre estnischen Leibeigenen wie Menschen zweiter Klasse behandelten, leisteten Pastoren und Lehrer aber auch einen wichtigen Beitrag zum Überleben der estnischen Kultur. Das ist im Land nicht vergessen, und wenn Deutschland heute dort einen ausgesprochen guten Ruf hat, dann liegt das nicht nur an der Abgrenzung gegenüber Rußland.

Durch die lange deutsche Dominanz gibt es neben den offiziellen Ortsbezeichnungen häufig auch eine deutsche Version, wie zum Beispiel Reval für die Hauptstadt Tallinn oder Dorpat für die alte Universitätsstadt Tartu. In diesem Buch wird in der Regel der offizielle Name benutzt, in dem Beitrag über die deutschen Spuren im Land allerdings der deutsche. Historische Ansprüche können durch die Wahl der Namen schon deshalb nicht begründet werden, weil Reval beispielsweise dänischen Ursprungs ist.

Die Frage, ob Estland wieder der Platz in der europäischen Familie eingeräumt wird, den es selbst in Anspruch nehmen möchte, wird nicht allein von der Politik entschieden. Das Bewußtsein der Menschen ist dafür ebenso entscheidend. Vielleicht kann dieses Buch dazu einen Beitrag leisten. Die Estinnen und Esten sind ausgesprochen neugierig und interessiert an Deutschland und anderen mitteleuropäischen Staaten. Die Neugierde und das Interesse an Estland hierzulande kann dagegen noch wachsen. Das kleine Land im Schatten der Großmächte hat dem gemeinsamen Haus Europa viel zu bieten.

Der Leuchtturm von Sääre auf der Halbinsel Sörve warnt noch heute die Fischerboote auf der Ostsee vor Gefahren – Foto: Kai Ulrich Müller

LAND UND LEUTE

Fakten und Mythen vom Rand der Ostsee

Wer als Westeuropäer zum ersten Mal durch Estland reist, wird die Landschaft recht vertraut finden. Dunkle Wälder und Buschwerk wechseln mit saftigen Wiesen oder Ackerland. Die zumeist flache Landschaft wird immer wieder von Seen, Mooren oder kleineren und größeren Orten unterbrochen. Auch klimatisch ist keine nennenswerte Umstellung nötig. Und dennoch besitzt das Land seinen ganz eigenen Reiz, durch den es sich von den populären Tourismuszielen grundlegend unterscheidet. Es gibt weder lange Sandstrände noch bizarre Berggipfel, aber es existiert eine Verbindung mit der Tradition, die andernorts längst verloren ist. Neben den architektonischen Zeugnissen der Vergangenheit trägt auch die Natur dazu bei. Die sowjetische Herrschaft hat zwar vor allem im Nordosten des Landes katastrophale Umweltschäden hinterlassen, doch weite Gebiete blieben von der industriellen Nutzung verschont. Somit konnte sich der ursprüngliche Charakter großenteils erhalten. Die menschlichen Eingriffe in die Natur sind bislang spürbar geringer als in anderen Teilen Europas.

Statistische Daten

Eesti Vabariik (Freistaat Estland), wie der Staat offiziell heißt, umfaßt 45227 km^2. Er ist damit 2322 km^2 kleiner als das unabhängige Estland zwischen den Weltkriegen. Die Sowjetunion hat nach der Besetzung Teile der Stadt Narva im Nordosten sowie des Landkreises Petseri mit der gleichnamigen Stadt im Südosten der Russischen Föderalistischen Sowjetrepublik zugeteilt. Als das Land seine Unabhängigkeit endlich wiedererlangt hatte, war Moskau nicht bereit, diese Gebiete zurückzugeben. Estland ist der kleinste der drei baltischen Staaten, übertrifft aber flächenmäßig Länder wie Dänemark, die Schweiz, die Niederlande oder Belgien. Es ist mit 1,5 Millionen Einwohnern, von denen 73% in Städten leben, sehr dünn besiedelt. Die Bevölkerungsdichte liegt bei 32 Einwohnern pro km^2. Das Staatsgebiet erstreckt sich zwischen dem 57.° 30' und 59.° 40' nördlicher Breite und dem 21.° 45' und 28.15' östlicher Länge. Von Ost nach West beträgt die Ausdehnung 350 und von Nord nach Süd 240 km.

633 km Festlandsgrenzen trennen Estland vom großen Nachbarn Rußland im Osten sowie von Lettland im Süden. Im Westen bildet die Ostsee eine natürliche Grenze, im Norden der finnische Meerbusen. Bis Helsinki sind es nur 80 km. Administrativ ist das Land in 15 Kreise und 6 kreisfreie Städte unterteilt.

Ungeachtet der recht geringen Ausdehnung zeichnet sich die Landschaft durch eine große Vielfalt aus. Die Küstenregion ist überwiegend rauh und felsig; an manchen Stellen ragen Kalkstein-Klippen 50 m hoch hinauf. Der Küste vorgelagert sind über 1500 Inseln, die 9,2 % des Staatsgebietes ausmachen. Nur knapp ein Drittel davon ist jedoch bewohnt. Im Estnischen gibt es verschiedene Bezeichnungen für „Insel", je nachdem, ob sie bewohnt oder unbewohnt ist. Die beiden bekanntesten Inseln sind Saaremaa (Ösel) mit 2710 km^2 und Hiiumaa (Dagö) mit 960 km^2. Zum Landesinneren hin erstreckt sich ein von dunklen Wäldern, Seen und zahlreichen Hoch- oder Torfmooren bedecktes Tiefland, das nur von kleineren Hügeln unterbrochen wird. Die Landschaftsstruktur hat der menschlichen Besiedlung enge Grenzen gesetzt. Heute zeugen jedoch Wiesen und Felder vom Eingriff der Menschen. Der Boden besteht überwiegend aus Sand und Kalkstein und ermöglicht keine üppigen Erträge. Im Südosten des Landes, unmittelbar an der Grenze zu Lettland, liegt die höchste Erhebung des gesamten Baltikums, der Suur Munamägi mit 317,6 m.

Vor etwa 400 Millionen Jahren während der sogenannten Devonischen Epoche, der mittleren Epoche des Paläozoikums (der alten Erdzeit), begann sich die geologische Struktur des Landes herauszubilden. Aus dieser Zeit stammen Ablagerungen aus Kalk, Sandstein, Tonschiefer und Gips. In einer jüngeren Epoche der Erdgeschichte haben drei Eiszeiten mit entsprechenden Zwischenperioden das Bild des Landes weiter geformt. Die letzte endete vor etwa 12000 Jahren. Als die Gletscher zurückgingen, ließen sie karge Sand- und Kiesböden, gelegentlich rote fruchtbare Erde sowie die größten natürlichen Reichtümer des Landes zurück: Bernstein, Torf, Ölschiefer, Braunkohle und mineralische Heilquellen. Die Schmelze der Eismassen schuf zudem die Flußtäler sowie die vielen Sümpfe, Moore und Seen. In ganz Estland gibt es etwa 18000 Moore. Sie bedecken 2 % der Landfläche und liegen zumeist im Nordosten des Landes. Die Zahl der Seen beträgt gut 1400. Der größte und beliebteste ist der Peipus im Osten. In diesen mündet auch der Emajogi, der wichtigste Fluß des Landes. Durch den Peipus-See verläuft die Grenze zu Rußland.

Klima, Pflanzen- und Tierwelt

Auf die Eiszeit folgte eine zweitausendjährige subarktische Periode mit Bedingungen, wie sie heute im Süden Grönlands oder in der sibirischen Tundra vorherrschen. Nur besonders zähe und anspruchslose Pflanzen und Tiere wie Birken und Buschwerk, Rentiere, Schneehasen und Birkhühner konnten sich unter diesen Bedingungen im Land ausbreiten. Im Laufe der Zeit erwärmte sich das Klima, und es wurde feuchter. In dieser als Boreal bezeichneten Klimaphase, die seit dem siebten Jahrtausend herrschte, wich die Tundra ausgedehnten Kiefern-, Fichten- und Birkenwäldern. Wildschweine, Rehe, Auerochsen sowie verschiedene Vogel- und Insektenarten fanden dadurch geeignete Lebensbedingungen.

Eine einschneidende Veränderung brachte das vierte vorchristliche Jahrtausend. Es wurde immer trockener, so daß in einigen Gegenden der Wald zurückging und Steppe sich ausbreitete. Diese bot Eichhörnchen, Mardern, Braunbären und Pferden eine passende Umgebung. Um 900 vor unserer Zeitrechnung nahm das Klima die heutigen Werte an. Es liegt im Übergang vom strengen kontinentalen Bereich in Rußland mit heißen Sommern und sehr kalten Wintern zum milderen maritimen in Mitteleuropa. Selbst im Juli, dem heißesten Monat, bleibt die Durchschnittstemperatur zumeist knapp unter 20 °C. Im Sommer ist es am regnerischsten, doch liegt die jährliche Niederschlagsmenge nicht höher als in anderen nordeuropäischen Ländern. Die übrigen Jahreszeiten sind eher trocken. Besonders beliebt ist der zumeist milde Herbst, der das Land in eine bunte Farbenpracht taucht. Im schneereichen Winter fallen die Temperaturen im Schnitt auf – 5 °C, doch werden bisweilen auch Spitzenwerte von – 30 bis – 40 °C erreicht. Durch die nördliche Lage ist es im Sommer täglich 18 Stunden, im Dezember und Januar nur ca. sechs Stunden hell.

Ungeachtet der vergleichsweise geringen Eingriffe während der letzten Jahrzehnte hat sich das Landschaftsbild im Laufe der Geschichte unter der Hand der Menschen dennoch verändert. Wälder wurden gerodet und in agrarische Nutzfläche umgewandelt. Knapp 42% der Gesamtfläche sind noch von Wäldern bedeckt, die einmal artenreich waren. Ahorn, Birken, Eiben, Eichen, Erlen, Eschen, Espen, Fichten, Kiefern, Wacholder, aber auch verschiedene Arten von Busch-, Gras- und Rohrpflanzen zählen zur ursprünglichen Vegetation. Heute dominieren Fichten- und andere Nadelbäume das Bild. Größere Bestände an Laubhainen finden sich nur noch im Süden und Westen des Landes.

Die in Mitteleuropa dominierenden Buchen waren nicht so weit verbreitet. Dennoch spielen sie gemeinsam mit den Eichen eine wichtige Rolle in der Mythologie und den vorchristlichen Religionen. Wie bei vielen anderen Völkern galten sie als heilige Bäume. Auf Bildern und in Gedichten wurden sie häufig dargestellt und gerühmt. Unter den Pflanzen wird zudem die Kornblume besonders geschätzt. Sie ist eines der nationalen Symbole.

Der Wald galt allgemein als Refugium für mythische Gestalten und Heldenfiguren und erfreute sich somit einer besonderen Achtung und Schonung. Diese Haltung ist bis heute weit verbreitet. So bekennt die Folk-Sängerin Kirile Loo in einem Interview: „Als Kind lief ich oft allein im Wald herum. Ich hatte meine ‚eigenen' Bäume und Blumen und sprach mit ihnen. Wir kamen uns sehr nahe. Ich konnte spüren, wie es meinen Pflanzen ging. Wenn ich draußen in der Natur bin, verliere ich jedes Zeitgefühl. Ich bin außerhalb der fest eingerahmten Welt und fühle mich auf einmal frei. Ich unterhielt mich damals auch mit Tieren, vor allem mit Schlangen. Jetzt, wo ich in der Stadt lebe, vermisse ich den Kontakt mit der Wildnis." (Esotera 8/96) Kaum jemand in Estland käme auf die Idee, Kirile Loo als Naturschwärmerin zu belächeln.

Die Tierwelt des Landes ist relativ artenarm, auch wenn sich manche seltene Tiere in der Abgeschiedenheit erhalten konnten. Mit 14000 Spezies stellen die Insekten den größten Teil. Zoologen zählen zudem knapp 400 Vogelarten, 70 verschiedene Säugetiere, 30 Fischsorten und 10 Amphibien. Besonders für die Vögel ist Estland mit seinen vielen Gewässern und unerschlossenen Gebieten ein Paradies. Zu den Fischen gehören Aale, Barsche, Hechte, Heringe, Kabeljau, Karpfen, Lachse und Sardinen. Unter den Säugetieren, von denen die Mehrzahl im Wald ihren Lebensraum hat, standen einige, wie Biber, Hirsche oder Luchse, bereits

Diskussion um das Wappentier

Stadtwappen von Tallinn

Ein wichtiges Tier für die Esten ist der Igel. In ihrem Nationalepos ist er der treue Begleiter des Helden Kalevipoeg. Als nach der Gründung der ersten Republik die Diskussion um ein geeignetes Staatswappen entbrannte, gab es deshalb den Vorschlag, ein Igel solle das Wappentier werden. Das war den meisten Parlamentariern wohl doch nicht herrschaftlich genug, und sie entschieden sich nach langen Diskussionen für drei Leoparden – eine vordergründig überraschende Wahl, denn Leoparden sind in Estland weitgehend unbekannt. Sie schmücken allerdings auch die Wappen Dänemarks, der Stadt Tallinn sowie der estnischen Ritterschaft. Insofern signalisierte die Wahl den Sinn für historische Kontinuität. Da die Leoparden sehr stilisiert dargestellt sind, werden sie inzwischen häufig als Löwen betrachtet.

kurz vor der Ausrottung, doch konnten ihre Bestände durch Schutzmaßnahmen und gezielte Wiederansiedlung stabilisiert werden. Auf menschliche Initiative geht auch die Ansiedlung von Waschbären und Nerzen zurück. Rein numerisch stellen die Haustiere heute den weitaus größten Teil des Tierbestands, von einer Artenvielfalt kann jedoch keine Rede sein. Die Viehzucht nimmt in der Landwirtschaft einen wichtigen Raum ein. Sie konzentriert sich weitgehend auf Rinder, Schweine und Schafe.

Siedlungsgeschichte

Die frühesten menschlichen Spuren lassen sich bis ins Paläolithikum (Altsteinzeit) vor 12000–10000 Jahren zurückverfolgen. Offenbar waren nomadische Jäger schon bald nach dem Ende der letzten Eiszeit den Rentieren auf der Suche nach Nahrung gefolgt. Ausgrabungen machen deutlich, daß sie Werkzeuge und Waffen aus Stein, Knochen und Horn anfertigten. Auch im Herstellen von Schmuck aus Tierknochen und Zähnen waren die estnischen Ureinwohner geübt. Vermutlich hatten sie Kontakt zur Magdalénien-Kultur, die allgemein als Höhepunkt und Abschluß der eiszeitlichen Entwicklung in West- und Mitteleuropa gilt. Aus dieser Epoche von 15000–9000 vor unserer Zeitrechnung stammen zahlreiche Felsbilder.

In Estland sind die Spuren jedoch spärlich. Erst aus dem Mesolithikum (Mittelsteinzeit) – 8000 bis 4000 vor Christus – sind gesicherte Funde vorhanden. Die ersten Bewohner des Landes lebten vermutlich als nomadische Jäger und Sammler, oder – wie eine nicht länger am patriarchalen Herrschaftsbild angelehnte Forschungsrichtung treffender formuliert – als Sammlerinnen und Jäger. Es waren überwiegend die Frauen, die den Unterhalt der Gemeinschaft sicherstellten. Dies geht aus den Untersuchungen von Forscherinnen wie Heide Göttner-Abendroth, Marie König und Marija Gimbutas hervor. Gruppen in Küstennähe oder an Seen erweiterten ihr Nahrungsangebot durch Fischfang. So kam es am Ende des Mesolithikums zu ersten festen Siedlungen nahe der Gewässer. Diese – auch als Kunda-Kultur bezeichnet – umfaßten vermutlich etwa 1000 Menschen. Von ihnen zeugen über 200 Knochengegenstände, darunter Harpunen und andere Fischfangutensilien, Lanzen- und Pfeilspitzen sowie Feuersteingeräte, die in einem Torfmoor – vermutlich einem früheren See – gefunden wurden. Benannt ist diese Kultur nach dem Fundort, der Stadt Kunda an der Nordküste, die heute eine der häßlichsten Industriesiedlungen ist. Die Kunda-Kultur war auch Trägerin der Kamm-Keramik. Ob sich von diesen Völkern eine direkte Verbindung zu den heutigen Einwohnern Estlands ableiten läßt, ist umstritten.

Unbestritten ist, daß finn-ugrische (oder finno-ugrische) Völker mit Beginn des Neolithikums (Jungsteinzeit) nach 4000 vor Christus in Estland einwanderten. Sie kamen als nomadische Sammlerinnen und Jäger, hatten jedoch bereits den Hund domestiziert. Auch sie ließen sich an Seen und Flüssen fest nieder. Bis zur Entwicklung der Landwirtschaft vergingen jedoch noch viele Jahrhunderte.

Die eigentliche Heimat der Finn-Ugrier ist vermutlich das Gebiet, das heute als Grenze zwischen Europa und Asien gilt, der Oberlauf der Wolga und Kama. Ab dem 4. Jahrtausend wanderten sie von dort aus in verschiedene Richtungen. Der Teil von ihnen, der sich im Ostseeraum niederließ, wird als Balto-Finnen bezeichnet. Zu ihnen gehören neben den Esten die Finnen, Karelier, Liven, Wepsen, Woten und Ingrier (oder Ingermannländer). Sie zählen heute zu den wenigen Völkern Europas, die nicht indoeuropäischen Ursprungs sind.

Etwa um 2000 vor unserer Zeitrechnung hatten die Finn-Ugrier die Ureinwohner assimiliert. Sie bewohnten damals ein Gebiet, das von der Ostsee bis zum Ural reichte. Dann wanderten vom Westen und Süden baltische Völker indo-europäischen Ursprungs in ihr Gebiet ein und drängten sie allmählich zurück. Ausgerüstet mit Streitäxten waren die Balten den Finn-Ugriern im Kampf überlegen. Ein Teil der Finn-Ugrier zog unter dem Druck weiter über die Ostsee nach Skandinavien. In Finnland bilden sie das Staatsvolk. Im Norden des Baltikums konnten sich die Esten und Liven jedoch gegen die Einwanderer behaupten. Die Liven wurden später lettisiert und stellen heute nur noch wenige tausend Menschen. Ebenfalls vom Verschwinden bedroht sind Wepsen, Woten und Ingrier, deren Gebiete zu Rußland gehören.

Sprache und Landesname

Das Estnische verfügt über eine komplizierte Lautstruktur. Es gibt drei verschiedene Längen von Vokalen und Konsonanten sowie 15 verschiedene Kasus, die durch die Endungen ausgedrückt werden. Sie ersetzen die im Indogermanischen verbreiteten Präpositionen. Die Sprache gliedert sich in zahlreiche Dialekte, von denen der Süd- und der Nordestnische zwei Hauptgruppen bilden. Beide wurden ab dem 16. Jahrhundert zur Schriftsprache, doch hat der nordestnische Dialekt den südlichen im Laufe der Zeit zurückgedrängt. Er bildet heute die Staatssprache.

Mit den Finnen sind die Esten so nah verwandt, daß sie sich gegenseitig verstehen können, ohne die andere Sprache erlernt zu haben. Das Finnische ist die ältere von beiden. Unter der sowjetischen Besetzung war das finnische Fernsehen für Estland das Tor zur Welt. Dazu gibt es ein Bonmot von Präsident Lennart Meri, der einmal in Anspielung darauf, daß sie nicht von den sowjetischen Staatsmedien abhängig waren, gesagt hat: „Die Esten sind die einzigen, die wußten, daß Lech Walesa einen Schnurrbart hat."

Die heutige Eigenbezeichnung tauchte als „Aesti" zum ersten Mal in der „Germania" des römischen Historikers Tacitus

98 n. Chr. auf. Dieser rechnete sie zu den Germanen, glaubte an eine Sprachverwandtschaft mit den Briten und sah darüber hinaus Verbindungen mit den Medern, einem iranischen Volk. Aus dieser Beschreibung läßt sich entnehmen, daß Tacitus vermutlich die Balten, nicht aber die finn-ugrischen Vorfahren der heutigen Esten gemeint hat. Während der Epoche des nationalen Aufbruchs Mitte des 19. Jahrhunderts setzten sich die Bezeichnungen Esten und Estland durch. Zuvor nannten sich die Menschen selbst Maarahvas, abgeleitet von „maa" (= Erde) und „rahvas" (= Volk). Im äußersten Südosten des Landes leben noch einige tausend Setukesen, ein den Esten nahe verwandtes Volk, das jedoch vor allem unter russischem Einfluß weitgehend assimiliert ist.

Traditionelle Wirtschaftsformen und Sozialstrukturen

Durch den Kontakt mit den Balten übernahmen die Esten Ackerbau und Viehzucht als dominierende Wirtschaftsform. Gleichzeitig blieb der Fischfang eine wichtige Erwerbsquelle. Die Esten machten ihrerseits die Balten mit der Seefahrt vertraut.

Aus der Bronzezeit, etwa ab dem Jahr 1000 vor unserer Zeitrechnung, sind Hügelgräber bekannt. In dieser Epoche vollzog sich der allmähliche Wandel vom Nomadentum zur Seßhaftigkeit. Ein weiterer Einschnitt in die alte estnische Gesellschaft bedeutete die Eisenzeit. Sie begann etwa um 700 und wurde vor allem von der Hallstatt-Kultur getragen, deren Merkmale eine überwiegend landwirtschaftliche Lebensweise, aber auch Kriegertum waren. Das Verbeitungsgebiet der Hallstatt-Kultur, die etwa bis 450 bestand, lag zwischen dem Rhein und dem Balkan. Nach den Beigaben in den Fürstengräbern zu urteilen, waren die Gesellschaften sehr reich. Der Gebrauch von Eisen als Nutzmetall und die Gewinnung von Salz markierten die besonderen Leistungen der Epoche. Zum Baltikum bestand ein reger Kontakt, wie Ketten, Halsbänder, Ohrringe und Armreifen beweisen, die im Ostseeraum gefunden wurden.

Der Austausch mit den Trägern der Hallstatt-Kultur erlaubte den Esten, nicht länger nur der Subsistenzwirtschaft nachzugehen, sondern einen gewissen Wohlstand zu erringen. Verantwortlich dafür waren vor allem die reichen Bernsteinvorkommen.

Tacitus über Bernstein

Bernstein

In dem bereits erwähnten Werk „Germania" ging der römische Geschichtsschreiber Tacitus auch auf den Bernsteinhandel ein: „Selten ist des Eisens, häufig des Knüppels Gebrauch. Getreide und andere Früchte bauen sie mit größerer Ausdauer und Geduld an als man nach der gewohnten Trägheit der Germanen erwarten sollte. Aber auch das Meer durchsuchen sie, und sind die einzigen unter allen, die den Bernstein, den sie selbst Glesum (glaesum) nennen, in den Untiefen umher und am Ufer selbst sammeln. (...) Sie benutzen ihn zu nichts: roh wird er gesammelt, formlos hergebracht und staunend nehmen sie den Preis dafür in Empfang." (Kap. 45, 3 und 4)

Bernstein ist das erhärtete Harz von Nadelbäumen aus dem Tertiär vor etwa 70 Millionen Jahren, das in verschiedenen Farben vorkommt. Er wurde gern als Schmuck, aber auch im kultischen Bereich verwendet. Nirgendwo in Europa sind die Bernsteinlager so reich wie in der Küstenregion der östlichen Ostsee. Teile der Vorkommen liegen jedoch auch unter dem Meer.

Auf Handelsrouten entlang der Flüsse gelangte der Bernstein ans Schwarze Meer, nach Griechenland und Italien, wo er als wertvolles Luxusgut galt. Andere in Süd- und Mitteleuropa begehrte Güter aus dem heutigen Estland waren Zobelpelze und sonstige Felle, Bienenhonig und -wachs, Flachs, Hanf sowie Getreide. Im Gegenzug erhielten die Menschen an der Ostseeküste Salz, Bronze, Kupfer, Waffen, Geräte sowie Gold- und Silbermünzen.

Durch die Ausbreitung des Römerreiches und den steigenden Bedarf intensivierte sich der Handel mit den europäischen Großmächten. Bernstein und Felle standen bei reichen Römern hoch im Kurs, wodurch ihr Interesse an dem fernen Land wuchs.

Der Austausch mit den führenden Reichen der Epoche bescherte den Esten mehr als nur materiellen Wohlstand. Er beeinflußte auch ihre Kultur. Die Bevölkerung nahm zu und die sozialen Strukturen änderten sich ebenso wie die Vorstellungen von der Götterwelt. Während der Eisenzeit vollzog sich die endgültige Seßhaftwerdung. Dorfgemeinschaften (estnisch: *kihelkond*) bildeten das soziale Rückgrat. Die kollektive Nutzung von Feldern, Weiden, Hölzern und sonstigem Eigentum war weit verbreitet. Auch Jagd, Fischfang und Bienenzucht waren zumeist Aufgabe der Gemeinschaft. Die Menschen lebten in festen Holzhäusern, die bisweilen den Charakter kleiner Burgen annahmen, um sich gegen Eindringlinge wehren zu können. Mit der Seßhaftwerdung und dem Handel ging der Einfluß der Frauen zurück. Sie konnten ihre wichtige Rolle bei der Sicherstellung der Nahrung nicht länger behaupten und wurden, wie in anderen patriarchalen Gesellschaften, auf den privaten Raum zurückgedrängt. Auch in der Erbfolge mußten sie den Männern das Feld überlassen. Allerdings erhielten sie von ihrer Familie alles, was sie benötigten: Töpfe, Stoffe, Felle, Decke usw. Insgesamt haben sie sich, ungeachtet der gesellschaftlichen Veränderungen, niemals vollständig aus dem öffentlichen Leben zurückdrängen lassen.

In der mittleren Eisenzeit ab dem 5. nachchristlichen Jahrhundert begann die soziale Differenzierung. Die weit verbreiteten Prinzipien der Gleichheit und gemeinsamen Verantwortung lösten sich allmählich auf. Dennoch waren die Esten weit davon entfernt, ein hierarchisches Staatswesen wie im Mittelmeerraum aufzubauen. Dazu kam es auch deshalb nicht, weil seit dem 6. Jahrhundert skandinavische, ostslawische und später germanische Völker in ihrem Gebiet auftauchten. Sie markierten eine neue Epoche in der estnischen Geschichte, eine Epoche von Unterdrückung und Freiheitskriegen.

Religion und Kulte

Wie bereits erwähnt, war die estnische Kultur schon immer von großem Respekt vor der Natur und ihren Gesetzen geprägt. So war auch die Götterwelt eng mit der Natur und den Anforderungen im Überlebenskampf verbunden. Tacitus schrieb: „Sie verehren die Mutter der Götter. Als Abzeichen ihres Glaubens tragen sie Bilder von Ebern: dieses gewährt als Waffe und Schutzwehr gegen alles dem Verehrer der Göttin selbst unter Feinden Sicherheit.“ Tatsächlich dominierten während der nomadischen Epoche Jagdgottheiten, die häufig Tiergestalt annahmen und dem Träger durch bestimmte Rituale Erfolg bringen sollten.

Als Bauern waren die Menschen vor allem auf Sonne, Wind und Regen angewiesen, und so entwickelten sich Fruchtbarkeitsriten, in denen die Elemente eine wichtige Rolle spielten. Für die persönliche Führung waren sog. *haldijas* zuständig, Schutzgeister, die konkrete Ratschläge erteilen, aber auch strafen konnten.

Das alte estnische Jahr war in einen Rhythmus von bestimmten Tagen unterteilt, die nach der Christianisierung häufig ihre Bedeutung behielten. Einer der wichtigsten Festtage war der 17. Januar, in einigen Regionen auch der 25. Januar. An diesem Tag – und nicht etwa zur Wintersonnenwende – wurde dem Winter das Rückgrat gebrochen. Auch bei den alten Kelten gibt es eine Tradition, die im 19. Januar die Niederlage des Winters sieht. Tatsächlich kehrt an dem Tag der Saft von den Wurzeln wieder zurück in die Bäume, weshalb früher danach keine Bäume mehr geschlagen werden durften. Bemerkenswert ist auch die Parallele zur Astrologie, denn am 19. Januar endet die Steinbock-Zeit, die – wie bei den Bäumen – als Zeit des äußersten Rückzugs auf das Wesentliche gilt. Ein anderes wichtiges Datum war der 14. April. Er galt als Beginn des neuen Lebens in der Natur. Deshalb war es geboten, an dem Tag mit dem Pflügen zu beginnen. Häufig waren die Äcker zu der Zeit aber noch schneebedeckt. So machten sich die Bauern daran, symbolisch ein kleines Stück zu pflügen. Dies hatte keinen praktischen, aber einen rituellen Wert, der nicht in Frage gestellt wurde.

Bei einem naturverbundenen Volk wie den Esten spielte auch der Mond eine wichtige kultische und praktische Rolle. Das moderne Interesse am Leben nach dem Mondkalender war den alten Esten sehr vertraut. So wurden bei zunehmendem Mond Aktivitäten unternommen, die sichtbare Ergebnisse zeitigen sollten, wie zum Beispiel Pflanzungen oder Schlachten. Bei abnehmendem Mond standen Aktivitäten im Mittelpunkt, bei denen die Menschen etwas loswerden oder loslassen wollten; alles, was mit Reinigung und Wäsche zusammenhing, hatte dann seinen Platz. Aus dem estnischen Siedlungsgebiet sind zahlreiche Ornamente mit Darstellungen der Mondphasen sowie entsprechende Gebete erhalten.

In der Epoche der Mondkulte entwickelte sich auch eine Hierarchie der Gottheiten mit einem Dreigespann an der Spitze: einem weisen Vater, Taara genannt, der das Universum beherrscht, einer weiblichen Muttergottheit, die das Leben spendet und für die Fruchtbarkeit zuständig ist, sowie einer Schicksalsgöttin, an die sich die Menschen in den alltäglichen Dingen wenden konnten. Die Abgrenzungen zwischen dem Dreigestirn waren nicht streng festgelegt, sondern variierten von Region zu Region und im Laufe der geschichtlichen Entwicklung. Ein Volk ohne eine zentrale politische Herrschaftsinstanz hatte auch keine einheitliche Glaubensvorstellung. Insgesamt war die Götterwelt weniger hierarchisch, aber auch weniger übersichtlich als bei den baltischen Nachbarn. Von allen göttlichen Wesen gab es verschiedene Manifestationen, die in unterschiedlichen Symbolen dargestellt wurden. Insbesondere die Schicksalsgöttin erfuhr als individuelle Hausgottheit zahlreiche Abwandlungen. Unter dem Einfluß des Christentums wurden daraus Hausgeister oder Kobolde, die bis heute in Erzählungen lebendig sind. Auch viele Göttersymbole wie Sonne, Mond und Sterne haben als Ornamente und Schmuckanhänger überlebt, auch wenn ihre ursprünglichen Bedeutungen verlorengegangen sind.

Ein wichtiges Element der alten estnischen Religion hat die Zeiten überdauert: die Opfersteine, von denen es über 1500 gut

Opferstein – Foto: Klemens Ludwig

erhaltene Exemplare gibt. Sie stammen aus dem Kreis Harju im Norden, finden sich aber über das ganze Land verteilt. Sie sind zumeist rund mit einer Ausbuchtung oben. Ein eindrucksvolles Exemplar ist auf dem Domberg von Tartu zu bewundern, der schon in vorchristlicher Zeit eine bedeutende Kultstätte war. Die genaue kultische Bedeutung der Opfersteine ist noch nicht bekannt.

Die Entstehung des Universums

Bis heute sind Schöpfungsmythen lebendig, in denen die bereits erwähnte Sängerin Kirile Loo Parallelen zu Naturvölkern sieht. Die Vorstellung, das Universum sei aus den Eiern von Wundervögeln entstanden, hat sie zu einem Lied inspiriert. Es heißt „Loomine – Die Schöpfung":

Auf unserer Weide gibt es drei Büsche:
Der eine ist blau, der andere rot
und der dritte ist golden.
Der blau gefiederte Vogel
flog auf den blauen Busch,
er flog auf den roten Busch,
aber am liebsten war ihm der goldene.

Der Vogel begann sein Nest zu bauen:
Er brauchte einen Monat, und einen weiteren,
brauchte einen Teil des dritten und Wochen vom vierten
und ein Viertel vom fünften Monat.
Der Vogel fing an zu brüten:
Er saß auf seinen Eiern einen Monat und noch einen,
brauchte einen Teil des dritten und Wochen vom vierten.
Was wird aus den Nestlingen werden?
Einer wurde die Sonne hoch über der Erde,
ein anderer wurde ein Stern am Himmel.
Der dritte wurde zu einem fruchtbaren Acker,
und der vierte wurde zum Namen der Weide.

(Esotera 8/96, übersetzt von Christian Salvesen)

Bestattungsriten

Der Glaube an ein Weiterleben nach dem Tod war weit verbreitet, und die Bestattungsriten waren immer auch ein Spiegelbild der Gesellschaftsform. In den nomadischen Sammlerinnen- und Jägergesellschaften wurden die Toten verbrannt, was schon aus ganz praktischen Gründen naheliegend war. Während der Seßhaftwerdung in der Bronzezeit entwickelte sich zunächst die Urnenfelderkultur. Die Asche der Verstorbenen wurde in Urnen gefüllt und in Hügelgräbern beigesetzt. Mit Beginn der Eisenzeit gaben die Menschen die Praxis der Einäscherung allmählich auf und gingen dazu über, die Verstorbenen zu bestatten. Wertvolle Grabbeigaben in Form von Kleidern, Schwertern, Schilden oder Trinkgefäßen deuten darauf hin, daß der Glaube an ein Leben nach dem Tod sehr konkret war. Zudem war es für die Hinterbliebenen wichtig, im guten Kontakt mit den Seelen der Verstorbenen zu bleiben. Wenn sie gnädig gestimmt waren, konnten die Verstorbenen vergangene Missetaten verzeihen. Sie konnten aber auch zürnen und den Betroffenen einigen Schaden zufügen. Der 2. November („Allerseelen“) war traditionell der Tag, an dem die Seelen der Verstorbenen zu Besuch zurückkehren. Mit frischen Speisen und Kerzenlicht sollte ihnen ein freundlicher Empfang bereitet werden.

Die alten Religionen dienten jedoch nicht nur dazu, die Natur gnädig zu stimmen, sie schufen auch ein ethisches System, das die Verhaltensweisen der Menschen regelte. Die Normen formten sich allmählich aus der Tradition heraus zu Gewohnheitsrecht, das sich als nützlich und sinnvoll erwies. Die ungeschriebenen Gesetze regelten Streitigkeiten in Eigentums- und Erbangelegenheiten, Tausch- und Geschäftsbeziehungen, bei der Nutzung von Ländereien, bei Diebstahl und anderen Delikten sowie bei der Versorgung von Alten und Kranken. Das Gewohnheitsrecht erwies sich als so stark, daß es selbst durch die jahrhundertelange deutsche, schwedische und russische Herrschaft nicht ganz ausgerottet werden konnte.

Für die Erschließung der alten estnischen Welt ist die lebendige Tradition der Mythen, Sagen, Legenden und Märchen eine wichtige Quelle. Dieser ungemein reichhaltige Schatz, dessen Ursprünge zumeist im Dunkeln liegen, wurde schon vor knapp 200 Jahren von keinem Geringeren als Jakob Grimm erkannt. In seiner Einleitung zu „Reinhart Fuchs" geht der Germanist ausdrücklich auf die estnische Märchentradition ein. Zuvor hatte er sechs estnische Märchen übersetzen lassen, um sie dem deutschen Publikum zugänglich zu machen. Eine erste umfassende deutsche Ausgabe estnischer Märchen erschien 1881.

Das bedeutendste Werk der estnischen Sagenwelt ist das Kalevipoeg (= Kalevs Sohn)-Epos, das bisweilen mit der Edda verglichen wird. Es besteht aus 20 Gesängen mit knapp 19000 Versen, die aus verschiedenen Quellen zusammengetragen wurden.

Viele alte Überlieferungen schöpfen ihre Themen aus der Natur. Der Wald bildet ein beliebtes Szenarium, und Tiere spielen eine große Rolle. Darüber hinaus kommen häufig Hausgeister vor, die Nachfahren der früheren Gottheiten, die den Menschen in der Not zur Seite standen. Weitverbreitet waren Geschichten von Gnomen, kleinen menschenähnlichen Wesen, die die Form von Tieren annehmen, wenn sie ihre unterirdischen Wirkstätten verlassen. Sie können die Menschen belohnen und strafen.

Auch besondere Erscheinungen in der Natur erfahren eine mythische Erklärung, so der Domberg von Tallinn, Toompea genannt, oder der Ülemiste-See, der die Hauptstadt mit Wasser versorgt. Beim Domberg handelt es sich um ein Felsplateau, das sich 48 m über die Stadt erhebt. Linda, Kalevs Frau und Kalevipoegs Mutter, die den Männern an Kraft nicht viel nachstand, soll nach Kalevs Tod die Felsen mit ihrer Schürze aus dem Meer geholt und zu dem Plateau aufgeschichtet haben, um damit dem König ein würdiges Grab zu bereiten. Beim letzten Stein geschah ihr ein Mißgeschick. Er war zu schwer, die Schürze riß und der Stein rollte vom Plateau herunter. Erschreckt darüber, aber auch erschöpft und verzweifelt brach Linda in Tränen aus, die sieben Tage nicht zu stoppen waren. Dadurch entstand der Ülemiste-See. Aus ihm ragt ein Felsen heraus, der Linda-Felsen.

Um den See rankt sich noch eine weitere beliebte Geschichte:

Der Meteoritenkrater von Kaali: Beweis für die Existenz von Ultima Thule? – Foto: Christian Prager © Belser Reich Verlag

Jedes Jahr entsteigt ihm in der Silvesternacht (eine andere Tradition spricht von einer Herbstnacht) ein kleiner, grauer Mann. Er geht zum Stadttor und fragt, ob die Stadt endlich fertiggebaut sei oder ob es noch etwas zu tun gäbe. Die Wächter haben die strikte Anordnung, ihm immer dieselbe Antwort zu geben: „Die Stadt ist noch lange nicht fertig. Viele Häuser müssen noch gebaut werden und es wird noch viele Jahre dauern, bis wir so weit sind.“ Daraufhin schüttelt der kleine Mann wütend den Kopf, murmelt ein paar unverständliche Worte und kehrt wieder zum See zurück. Würde ihm jemand antworten, die Stadt sei fertiggestellt, ließe er sie sofort überfluten. Es handelt sich nämlich um den Seegeist Järvevana, der sich durch die nahe Stadt in seiner Ruhe gestört fühlt und deshalb geschworen hat, sie zu vernichten – aber erst, wenn sie fertiggestellt ist.

Bisweilen beeinflußten die insgesamt eher spärlichen Berichte über das alte Estland auch die übrige europäische Sagen- und Mythenwelt. So soll die Insel Saaremaa, auf deutsch „Inselland“, mit dem mythischen Ultima Thule identisch sein. Thule ist so et-

Das Kalevipoeg-Epos und Friedrich Reinhold Kreutzwald

Denkmal des Dichters Friedrich Reinhold Kreutzwald, der das Nationalepos Kalevipoeg schuf, in Tartu

Kalev war ein mythischer König der Vorzeit. Seine Frau Linda, die aus einem Birkhuhnei Entstandene, gebar ihm drei Söhne. Ihr jüngster, Kalevipoeg, erblickte erst nach dem Tod seines Vaters das Licht der Welt. Schon als Kind zeichnete er sich durch außergewöhnliche Größe und Stärke aus. Als seine Mutter von einem Zauberer nach Finnland entführt wurde, machte er sich auf, um sie zu rächen. In Finnland fand er einen Schmied, der ihm ein Riesenschwert anfertigte, doch der junge Held wußte nicht achtsam damit umzugehen. In einem Streit erschlug er damit den Sohn des Schmiedes. Als Sühne wurde der Fluch über ihn verhängt, daß er durch sein eigenes Schwert umkommen werde. Doch das war noch nicht alles. Auf dem Heimweg vergewaltigte er eine Jungfrau, die an dem Verbrechen starb. So kehrte Kalevipoeg blutbefleckt und schuldbeladen nach Hause zurück, wo er seine Mutter in einen Felsen verwandelt vorfand. Die Klage über die Missetaten ihres Sohnes hatte sie versteinern lassen.

Um dennoch König zu werden, mußte sich Kalevipoeg mit seinen Brüdern in einem Steinwurf-Wettbewerb messen. Er übertraf beide, und nachdem er das hohe Amt angetreten hatte, wandelte sich sein Charakter. Er übernahm die Verantwortung als oberster Beschützer des Reiches, schaffte die Leibeigenschaft ab und verteidigte seine Untertanen gegen eindringende Feinde. Zudem rettete er drei Schattenmädchen aus der Unterwelt, besiegte den dortigen Herrscher und erlangte reiche Goldschätze, die er zum allgemeinen Wohl einsetzte. Dem Fluch seiner frühen Missetaten konnte er aber nicht entkommen. Als er auf einer Reise durch einen Fluß waten mußte, trennte ihm sein Schwert die Beine ab. Er verblutete und wurde zum Wächter der Unterwelt bestimmt. Am Ende steht jedoch das Versprechen, daß Kalevipoeg wiederkommen

wird, wenn die Zeit reif ist, um seine Kinder glücklich zu machen und ein neues Leben für Estland einzuleiten.
Das ist in kurzen Zügen der Inhalt des Epos', das zwischen 1857 und 1861 erschien. Seine damalige Herausgabe war ein ausgesprochen politischer Schritt. Es war die Epoche der sog. estnischen Aufklärung, als junge Esten erstmals in größerer Zahl eine akademische Ausbildung absolvierten und gegenüber den dominierenden Deutschen und Russen ihre eigene Identität betonten. Einer von ihnen war der 1803 geborene Friedrich Reinhold Kreutzwald. Er wuchs auf dem Hofgut Kaarli (Karlsberg) im Nordosten auf. In der Provinzhauptstadt Rakvere besuchte er ein deutsches Gymnasium. Mehr noch als die Schule prägten ihn jedoch die Erzählungen des Hofdieners Kotlep, der ihn bereits als Kind mit der großen Sagentradition bekannt gemacht hatte. Später erhielt Kreutzwald selbst den Beinamen „Sangesvater". Nach der Schule schrieb er sich an der Universität Tartu (Dorpat) in Medizin ein und schloß sich sogar der deutschen Verbindung Estonia an. Ungeachtet des deutschen Einflusses hielt er an seinen estnischen Wurzeln fest. Zunächst hatte Kreutzwalds Freund und Berufskollege Friedrich Robert Faehlmann von der Estnischen Gesellschaft den Auftrag erhalten, das Epos aufzuschreiben und herauszugeben, doch nach dessen frühem Tod 1850 übernahm Kreutzwald die Arbeit. Sieben Jahre später konnte der erste Teil veröffentlicht werden. Carl Reinthal übersetzte das Werk im selben Jahr ins Deutsche.
Kreutzwald ging es – im Gegensatz zur finnischen Kalevala-Tradition – nicht so sehr darum, einen Überblick über das vorchristliche Pantheon und die damit verbundene Welt der Helden zu schaffen, sondern einen naturverbundenen, bärenstarken Recken zu zeichnen, der nach vielen Irrungen schließlich seinen Weg und seine Aufgabe findet. Daß dadurch auch der estnische Freiheitskampf unterstützt werden sollte, wurde zu Beginn angedeutet:

„Für des Vaterlandes Freiheit
Kämpfend mit den Unterdrückern
Wurden ganze Heldenstämme,
Die Bewohner ganzer Gaue
Hingemäht in grauer Vorzeit.
Welches Elend sie erlitten,
Welchen Qualen sie erlagen,
Oh, das bleibt uns ewig heilig,
Bleibt uns ewig unvergeßlich.
Oben in der Himmelswohnung
In Gesellschaft weiser Götter
Saßen kräft'ge Männer einstmals,
Helden, die zu Gast gekommen,
Um den Feuerherd gelagert
Und gedachten alter Zeiten.
Kalev's Sohn, der Starken Stärkster,
Weltberühmter Königssprößling,
Saß in dieser Männer Mitte,
Auf die Hand gestützt die Wange
Und vernahm der Sänger Lieder
Und der Harfenspieler Weisen,
Die von seinen Heldenthaten,
Seinen Abenteuern sangen. ..."

was wie ein nordisches Atlantis, eine Insel, auf der die Menschen in einem goldenen Zeitalter ohne materielle Nöte, Kriege und Kämpfe gelebt haben, Ultima Thula deren äußerster Punkt. Durch eine Naturkatastrophe – möglicherweise dadurch ausgelöst, daß die Menschen den Pfad der Tugendhaftigkeit verlassen haben – sei sie irgendwann zerstört worden. Die ältesten Berichte über Ultima Thule stammen von dem griechischen Geographen und Astronomen Pytheas von Massalia um 330 vor unserer Zeitrechnung. Der heutige estnische Präsident Lennart Meri versucht in dem Buch „Silberweiß" nachzuweisen, daß Pytheas von den Britischen Inseln, wo er sich längere Zeit aufgehalten hat, über Jütland in die Ostsee gekommen und auf Saaremaa gelandet ist. Spuren einer Naturkatastrophe wird er dort auch gefunden haben. Bei Kaali gab es einst einen Meteoriteneinschlag mit der Zerstörungskraft einer Atombombe. Der Aufprall muß in der gesamten östlichen Ostsee Erschütterungen ausgelöst haben. Mehrere dadurch entstandene kleine, kreisrunde Seen sind bis heute sichtbar. Eines allerdings spricht gegen Saaremaa als Ultima Thule. Pytheas erlebte dort auch die Mittsommernacht. Dafür liegt Saaremaa zu weit südlich. Dennoch ist es zweifellos ein Ort, der zur Entstehung vieler Mythen und Sagen inspiriert hat.

Herrlicher Blick von einem Altan des Dombergs auf die Preobrashenski-Kathedrale (Tallinn) – Foto: Michael Welder © Rautenberg Verlag

GESCHICHTE

Der Kampf um die Eigenständigkeit

Zwischen 350 und 400 n. Chr. begann sich das demographische Bild Europas grundlegend zu wandeln. Auslöser dafür war die große Völkerwanderung. Germanische Völker aus Nordeuropa drängten auf der Suche nach Land südwärts. Eine Verschlechterung der wirtschaftlichen Lage, die Hoffnung auf ansehnliche Beute im reichen Rom und äußere Bedrohungen wie der Hunneneinfall 375 waren für den Expansionsdrang verantwortlich.

Ausläufer dieser Bewegungen erreichten Estland und das Baltikum mit einiger Verspätung, doch sind die historischen Quellen aus der Mitte des ersten Jahrtausends noch vage. Vermutlich sind ostslawische Völker im 6. Jahrhundert erstmals in Estland eingedrungen, ohne bleibende Spuren zu hinterlassen. Sie glichen sich der einheimischen Bevölkerung an.

Handelsrouten der Wikinger

Prägender war der Kontakt mit skandinavischen Völkern germanischer Herkunft, die als Wikinger oder Normannen in großen Teilen Europas Angst und Schrecken verbreiteten.

Das große Epos „Heimskringla" (Weltkreis), das die Geschichte der norwegischen Könige bis 1177 erzählt, berichtet in seinem ersten Teil, der „Ynglinsaga", von Kämpfen des Königs Ingvar im Westen Estlands. Der König mußte die Eroberungspläne allerdings mit dem Tod auf dem Schlachtfeld bezahlen. Daraufhin unternahm sein Sohn Rachefeldzüge gegen Estland. Zu Beginn des 8. Jahrhunderts waren Teile der Esten, die in Küstennähe oder an Flüssen lebten, der norwegischen Krone tributpflichtig, doch konnten sie sich gegen eine direkte Unterwerfung erfolgreich zur Wehr setzen. In den folgenden Jahrzehnten tauchten vermehrt Kriegsschiffe der Wikinger vor der estnischen Küste auf. Sie setzten sich in Nowgorod fest, das am Rande des finnugrischen Siedlungsgebietes lag. Ihr Interesse war es weniger, Estland vollständig zu unterwerfen, als vielmehr Handelsrouten zu sichern. Sie betrachteten Nowgorod als Ausgangspunkt für Handels- und Kriegszüge zum Schwarzen Meer und nach Byzanz sowie zum Kaspischen Meer und nach Bagdad. Um die dort erworbenen oder eroberten Güter in ihre Heimat transportieren zu können, errichteten sie die Stützpunkte an der Ostseeküste. Manches gelangte jedoch nicht bis Skandinavien, sondern verblieb in Estland. So fanden Archäologen Silberbarren, Münzen und Gewichte aus der arabischen Welt und Byzanz.

Die Sicherung der Handelsrouten war von allerlei kriegerischen Aktionen begleitet, denn unter dem Einfluß der Wikinger wurden auch die Esten wehrhafter. Schon seit langem geübt in der Seefahrt, entwickelten sie sich nun selbst zu Seeräubern, die jahrhundertelang für Unruhe in der Ostsee bis hin zu den skandinavischen Küsten sorgten. 1187 zum Beispiel zerstörten estnische Schiffe die damals bedeutende schwedische Stadt Sigtuna. Sogar Mitglieder der königlichen Familie wie Königin Astrid oder Kronprinz Olaf gerieten vorübergehend in estnische Hände. Zudem überfielen sie Handelskarawanen und Posten der Wikinger, die darauf mit grausamen Vergeltungsschlägen sowie der Errichtung weiterer Befestigungen antworteten. Insgesamt hatten sie damit aber wenig Erfolg.

In den baltischen Gesellschaften hinterließen sie jedoch ihre Spuren, in Estland zwar abgeschwächter als bei den südlichen Nachbarn, aber dennoch nicht zu übersehen. Mit der zunehmenden Wehrhaftigkeit vollzog sich endgültig der Wandel von relativ egalitären Gemeinschaften zu sozialen Hierarchien. Die Kämpfe brachten Kriegsherren und Fürsten hervor, die auch in Friedenszeiten ihre einflußreichen Positionen behielten. Nach außen hin sorgten die Stammesfürsten allmählich für festere Grenzziehungen. Estland gliederte sich damals in acht Bezirke, denen jedoch weiterhin eine Zentralherrschaft fehlte. Auch auf der Dorfebene formten sich neue Organisationsstrukturen. Mehrere Dörfer schlossen sich zu Einheiten, *Kiligunde* genannt, zusammen. Sie verfügten über eine eigene Gerichtsbarkeit und mußten die eigene Verteidigung sicherstellen. Zentrum der *Kiligunde* war eine hölzerne Festung, in die sich die Bewohner mit ihrer Habe im Falle eines Angriffs zurückziehen konnten.

Erste slawische Kontakte

Im frühen 11. Jahrhundert tauchte im Osten des Landes eine neue Großmacht auf, die bis heute die Geschicke des Landes maßgeblich geprägt hat, und das zumeist nicht im Sinne der Esten. Die Kiewer Rus war das erste slawische Großreich unter einer Krone und Verwaltung. Sie entstand als Zusammenschluß mehrerer Fürstentümer, die gemeinsame wirtschaftliche und militärische Interessen, wie etwa der Schutz gegen die Reitervölker aus der Wolgasteppe, verband. Zunächst standen die Fürsten unter dem Einfluß der Wikinger, die slawisch Waräger genannt wurden. Viele waren sogar skandinavischer Abstammung. Mitte des 10. Jahrhunderts begann die Christianisierung durch das Patriarchat von Konstantinopel. Damit wurde auch der Güteraustausch mit dem oströmischen Reich intensiviert. Zwar hatte es im Osten Estlands auch vor der Expansion der Kiewer Rus schon Kontakte mit slawischen Fürsten gegeben, doch bildeten sie keine Gefahr. Das änderte sich, als 1030 ein Heer von Großfürst Jaroslaw dem Weisen in Estland einfiel und die Festung Tartu (Dorpat) eroberte. Die Russen konnten ihre Expansion jedoch nicht fortsetzen, weil die Zentralgewalt ab 1050 allmählich zerfiel. Rivalisierende Fürsten strebten nach mehr Eigenständigkeit. 1169 verlor Kiew seinen Sitz als Reichszentrum. Die Fürstentümer von Nowgorod, Pskow (Pleskau), Smolensk und Polozk breiteten sich dagegen um Estland herum aus. In Tartu konnten sich die Russen ein Jahrhundert lang behaupten. Dann gelang es estnischen Truppen, die Festung zurückzuerobern und die Besatzer über den Peipus-See zurückzudrängen.

Die deutsche Expansion

Die Slawen waren nicht die einzigen, die ihr Interesse an dem strategisch günstig gelegenen Land an der Ostseeküste entdeckten. Im Südwesten erschien eine andere Macht, die ebenfalls für Jahrhunderte die Entwicklung beeinflussen sollte. Die deutsche Kolonisierung Osteuropas, die mit den Karolingern im Frühmittelalter begonnen hatte, hielt im 12. und 13. Jahrhundert unvermindert an. Den Eroberern waren indes enge Grenzen gesetzt, denn neben den slawischen Polen und Russen hatten auch die

Ungarn ein recht stabiles Staatsgebilde errichtet. Der östliche Ostseeraum schien dagegen weiteren Expansionsbestrebungen Raum zu geben, die sich im ausgehenden 12. Jahrhundert ankündigten. Die ersten Deutschen im Baltikum betraten jedoch kein Niemandsland, auch waren sie von den dortigen Bewohnern nicht gerufen worden. Im Gegenteil, sie trafen auf hartnäckigen Widerstand.

Der Ostsiedlung lagen unterschiedliche Motive zugrunde, die im Einzelfall nicht voneinander zu trennen waren. Missionseifer, die Erschließung neuer Ländereien und Handelswege, aber auch Abenteuertum trieben die Menschen.

In der Bewertung der Ereignisse, ja sogar in der Darstellung nüchterner historischer Fakten unterscheiden sich Fachleute bis heute beträchtlich. So heißt es zum Beispiel in einem Estlandbuch des ungarischen Autors Gábor Bereczki, das 1977 im VEB-Verlag Koehler & Amelang in Leipzig erschienen ist: „Mehrmals verbündeten sich die Esten mit den Russen, denen durch die deutsche Expansion ebenfalls eine große Gefahr drohte. Der gemeinsame Kampf war oft erfolgreich, doch zum Unglück der Esten sahen sich die Russen ihrerseits im Osten einem anderen mächtigen Feind gegenübergestellt, den Tataren.“ (E. Rácz – G. Bereczek, 1977, S. 15)

Über dieselbe Epoche berichtete der Hamburger Historiker Norbert Angermann auf der 12. Baltischen Konferenz in Lüneburg 1986: „Die Esten dagegen unterlagen um 1200 keiner Fremdherrschaft. Tapfer hatten sie sich zuvor immer wieder gegen die Russen gewehrt, denen es stets nur vorübergehend gelungen war, bei ihnen Tributansprüche durchzusetzen.“ (Mitteilungen aus dem baltischen Leben, Dezember 1986, S. 5)

Die unterschiedlichen Sichtweisen behindern die objektive Darstellung der Ereignisse. Hinzu kommt, daß die Esten selbst keine eigenen Chronisten hatten. Weder die russische noch die deutsche Geschichtsschreibung wird ihnen gerecht, sondern benutzt sie häufig nur, um die jeweils andere Darstellung ins Unrecht zu setzen. Die frühesten deutschen Quellen für die Eroberung des Baltikums sind die „Livländische Chronik“ des Missionars Heinrich von Lettland sowie die „Livländische Reimchronik“. Beide beziehen sich auf ein Gebiet, das heute als Estland und Lettland getrennt auf den Karten erscheint. Die Chronik Heinrichs, der vermutlich aus dem Magdeburger Raum zur Unterstützung seiner Glaubensbrüder nach Osten gezogen war, beschreibt die Zeit von 1184–1227 und hat Lettland zum Schwerpunkt. Die Reimchronik – von einem unbekannten Autor, vermutlich einem Ritter stammend – behandelt das ausgehende 13. und frühe 14. Jahrhundert. Balthasar Russow im 16. Jahrhundert und Adam Olearius im 17. Jahrhundert verfaßten die ersten Berichte ausschließlich über Estland.

Mit Feuer und Schwert

Die Eroberung des Baltikums wurde mit großer Sorgfalt geplant, und es standen erhebliche Mittel zur Verfügung, um dem Unternehmen zum Erfolg zu verhelfen. Ausgangspunkt war Bremen, damals einflußreicher Bistumssitz und aufstrebende Hansestadt, aber auch aus Rom kam Unterstützung. Bei der Wahl der Mittel griffen die Kolonisatoren schließlich auf diejenigen zurück, die ihnen am vertrautesten waren: Feuer und Schwert.

Im März 1199 weihte Erzbischof Hartwig von Bremen seinen Neffen Albert von Buxhoeveden zum Bischof von Uexküll in Lettland. Sieben Monate später rief Papst Innozenz III. zum Kreuzzug ins Baltikum auf, dessen „Befreiung“ mit den Kriegszielen in Palästina gleichgesetzt wurde. Immer größere Scharen von Adeligen, Rittern, Missionaren und Kaufleuten machten sich auf nach Osten. Logistische Unterstützung erhielten sie von der Gotländischen Genossenschaft. Diese übernahm die Verschiffung der Kolonisatoren von Lübeck aus, denn einen Landweg gab es noch nicht. Albert, ein Mann von großem Organisationstalent, verstand es, dem allgemeinen Aufbruch den notwendigen Rahmen zu geben. 1201 gründete er in der Nähe eines lettischen Dorfes an der Daugava die Stadt Riga. Einer seiner ersten Mitarbeiter, der Zisterziensermönch Theoderich, schuf ein Jahr später den militärischen Rahmen, um die Eroberungen zu halten. Er gründete den „Orden der Ritterschaft Christi“ (Fratres Militiae Christi), der unter dem Namen Schwertbrüderorden bekannt wurde. Die Ritter trugen einen weißen Mantel mit rotem Kreuz und Schwert. Sie waren unmittelbar dem Bischof von Riga unterstellt.

Der Orden erfreute sich regen Zulaufs aus Deutschland, insbesondere aus Westfalen. Er wurde für Albert zu einem wichtigen

Instrument, den Grundstein für eine geistlich-weltliche Herrschaft im Baltikum zu legen. Dietrich von Treiden, einer seiner Gefolgsleute, wurde 1211 zum Bischof von Estland gekürt, das kirchenrechtlich zu Schweden gehörte, obwohl die Schweden zu der Zeit nicht den gleichen Missionseifer an den Tag legten. Die Deutschen nannten die neue Eroberung Livland, unter Mißachtung der unterschiedlichen ethnischen Zugehörigkeit der Einheimischen.

Zu Beginn des 13. Jahrhunderts fiel der Schwertbrüderorden immer wieder in Estland ein, seine Eroberungen blieben jedoch angesichts des heftigen Widerstands nur von kurzer Dauer. Die Folge war eine Verwüstung der Äcker und Höfe und damit eine erhebliche Verschlechterung der wirtschaftlichen Lage.

Um sich gegen die vorrückenden Invasoren aus dem Südwesten behaupten zu können, wandten sich die Esten unter ihrem Oberhaupt Lembitu an die Russen. Lembitu war es gelungen, die dezentralen estnischen Verbände unter seiner Führung zu vereinigen. 1217 sagten ihm die russischen Fürstentümer von Pskow und Nowgorod ihre Waffenhilfe gegen die Deutschen zu. Damit drohte den Schwertbrüdern ein ernstzunehmender Gegner, doch sie reagierten schnell. Sie griffen das estnische Heer an, bevor die Russen dazugestoßen waren, und besiegten es am 21. September 1217. Lembitu fiel in der Schlacht. Nunmehr war die Unterwerfung des Landes nicht mehr aufzuhalten. Zunächst waren es jedoch nicht die Deutschen, die von der militärischen Schwächung

Die Methoden des Schwertbrüderordens

Heinrich von Lettland berichtet in seiner „Livländischen Chronik“: „... töteten vom Morgen bis zum Abend, wen sie fanden, sowohl ihre Weiber, als auch Kinder und dreihundert der vornehmen Männer... bis Hände und Arme der Tötenden müde vom ungeheueren Morden des Volkes endlich erlahmten. Als alle Dörfer vom vielen Blut der Heiden gefärbt waren, traten sie am folgenden Tag den Rückzug an, brachten aus allen Dörfern viele Beute zusammen und führten mit sich fort Zugtiere und eine Menge Vieh, auch sehr viele Mädchen, die allein die Heere in diesen Ländern zu verschonen pflegen.“

(Heinrich von Lettland, „Livländische Chronik“, neu übersetzt von Albert Bauer, Würzburg 1959, S. 95)

der Esten profitierten. Durch Streitigkeiten des Ordens in Lübeck kam der Nachschub an Rittern vorübergehend ins Stocken, und der Expansionsdrang wurde gebremst. Stattdessen tauchte 1219 der Dänenkönig Waldemar II. vor der estnischen Küste auf. Seine Truppen eroberten die estnische Burg auf dem Domberg des heutigen Tallinn. Dieser strategisch günstige Ort wurde zum Ausgangspunkt für die dänischen Eroberungen. Sie nannten die Stadt Reval, vermutlich nach der alten estnischen Provinz „Rävala". Bei den Esten setzte sich später der Name Tallinn durch, abgeleitet von *Taani linn* (= dänische Stadt). Die Herrschaft Waldemars währte allerdings nur vier Jahre. Die Esten akzeptierten ihn so wenig wie sie die Deutschen akzeptiert hatten. 1222 erhoben sie sich im ganzen Land. Innerhalb eines Jahres gelang es ihnen, die Skandinavier aus den südlichen und östlichen Landesteilen zu vertreiben. Nach den blutigen Kämpfen waren sie allerdings so sehr geschwächt, daß sie einem weiteren Angriff des Schwertbrüderordens 1227 nichts mehr entgegensetzen konnten. Damit fiel der größte Teil des Landes an die Deutschen, während sich die Dänen im Norden des Landes für weitere hundert Jahre behaupten konnten.

Nicht weniger blutige Kämpfe in Litauen sorgten dafür, daß der Schwertbrüderorden bald aus dem Baltikum verschwand, ohne daß damit jedoch die deutsche Herrschaft endete. 1236 wurden die Schwertbrüder bei Siauliai (Schaulen) von einem vereinten litauisch-lettischen Heer vernichtend geschlagen. Ihre Rolle bei der Befriedung des Baltikums übernahm der Deutsche Orden, der 1190 von Kaufleuten aus Lübeck und Hamburg während des dritten Kreuzzugs nach Palästina gegründet worden war. Nach dem ruhmlosen Ende des Kreuzzugs orientierten sich die Ritter des Deutschen Ordens ebenfalls nach Osten. In Litauen konnten sie sich zwar auch nicht behaupten, doch in Lettland und großen Teilen Estlands trat der Deutsche Orden mit ungleich größerem Erfolg das Erbe der Schwertbrüder an.

Der deutsche Ordensstaat

Was auf dem Schlachtfeld nicht gelang, erreichte der Deutsche Orden aufgrund seiner wirtschaftlichen Stärke: die Eroberung des gesamten estnischen Territoriums. 1346 verkaufte der dänische

König seine verbliebenen Besitztümer im Norden von Estland, denn Bauernaufstände hatten seine Herrschaft erneut erschüttert. Mit der Festigung der deutschen Herrschaft verliefen die sozialen Strukturen – von Ausnahmen abgesehen – streng entlang der ethnischen Grenzen. Die Deutschen dominierten in Politik und Wirtschaft. Allein die Übernahme des christlichen Glaubens ermöglichte den Einheimischen einen bescheidenen sozialen Aufstieg. Bezeichnend war, daß der Orden auch keine getauften Einheimischen als Ritter aufnahm. Nur als Hilfstruppen waren die Esten im Ordensheer willkommen. Der ritterliche Ordensstaat betrachtete sich selbst als Teil des Heiligen Römischen Reiches Deutscher Nation und nahm häufig an den Reichstagen teil. Allerdings verzichtete die Ordensführung darauf, eine nennenswerte Zahl deutscher Bauern ins Land zu holen und damit die demographische Struktur grundlegend zu verändern. Die logistische Basis für seine Herrschaft bildeten 60 stark befestigte Burgen zwischen der Grenze zu Litauen und Narva im Nordosten von Estland. Manche Ruinen, so auch die in Narva, haben die Zeit überdauert. Von den Burgen aus wurde das Lehnswesen im Land eingeführt. Der Lehnsherr stellte ein Gut zur freien Verfügung, das den Empfänger, der Vasall genannt wurde, zu Kriegsdienst und ritterlicher Treue verpflichtete. Die Vasallen des Deutschen Ordens standen ihrerseits recht weit oben in der sozialen Hierarchie. Es waren Adelige, Ritter oder zumindest Freie überwiegend deutscher Abstammung. Das ihnen überlassene Land konnten sie weiterverpachten, wobei die Bedingungen für die Einheimischen wenig vorteilhaft waren. Auch die Bischöfe verfügten über beträchtliche Lehen, durch die sie sich Vasallen dienstbar machten. Die Unterdrückung und Entrechtung der estnischen Landbevölkerung führte in der St. Georgsnacht (23. April) des Jahres 1343 zu einem Bauernaufstand, der sich vor allem gegen die Vasallen richtete. Der Aufstand ergriff rasch weite Teile West-Estlands, wurde aber vom Deutschen Orden rücksichtslos niedergeschlagen.

Auf estnischem Territorium gab es zwei Bistümer, Tartu (Dorpat) im Süden und Ösel-Wiek im Westen. Tallinn unterstand weiterhin dem Bischof von Lund. Mit der Zeit gewannen die Städte an Macht und Einfluß. In Tallinn mit damals 6000 und Tartu mit 4000 Einwohnern bildeten sich Gilden, also Interessenverbände der einzelnen Berufsstände, die das öffentliche Leben mitgestalteten. Auch einzelne Bauern zogen in der Hoffnung auf ein besseres Leben in die Städte. Die überregionale Vertretung der Städte und Landesherren war der Livländische Landtag.

Je weniger der Deutsche Orden aber mit weiteren Eroberungszügen beschäftigt war, desto deutlicher traten gravierende Konflikte zwischen dem Orden einerseits sowie den aufstrebenden Städten und Bistümern andererseits zutage. Dabei ging es um handfeste wirtschaftliche und politische Interessen wie zum Beispiel die Gerichtsbarkeit oder die Einnahmen aus den Lehen. Die Konflikte wurden auf allen Ebenen ausgetragen: auf dem Schlachtfeld, auf dem diplomatischen Parkett, durch Intervention bei der Kurie und mit gegenseitiger Acht.

Letztlich konnte sich weder der Orden noch der Klerus dauerhaft behaupten. Als kriegerisches Instrument der Glaubensverbreitung hatte sich der Orden mit seinen Erfolgen selbst die Daseinsberechtigung entzogen. Die Konsequenz war ein allmählicher innerer Zerfall, der es den äußeren Gegnern leichtmachte.

Auch der machthungrige katholische Klerus wurde schließlich Opfer seiner eigenen Politik. Die Reformation stieß in Estland auf große Zustimmung, da auch die verachtete einheimische Landbevölkerung integriert wurde. Die Reformatoren übersetzten Teile der Bibel ins Estnische; Pfarrer lernten und predigten die Sprache des Volkes. Erst dadurch konnte das Christentum im Baltikum wirklich Fuß fassen. In Tallinn fand der neue Glaube sogar eine militante Anhängerschaft, die 1524 Altäre, Gemälde und Standbilder in den Kirchen zertrümmerte. Hinzu kam, daß auch viele Adelige sowie die Hanse aus Opposition zu den machthungrigen Bischöfen zeitweilig die Reformation unterstützten. Die Gegenreformation hatte deshalb in Estland keine Chance, und der Deutsche Orden war zu schwach, um sich der Entwicklung entgegenzustellen.

Seit dem 15. Jahrhundert verlor auch die Hanse an Macht und Einfluß. Damit waren die Säulen der deutschen Herrschaft in Estland und Lettland brüchig geworden, und ihr Zerfall war nicht mehr aufzuhalten. Selbst im Deutschen Reich unter Kaiser Ferdinand I. bemühte sich niemand ernsthaft, die östlichen Besitztümer zu halten. So wurde das innerlich zerrissene Land im 16. Jahrhundert zum Spielball der Großmächte.

Anhaltende Kriegswirren

Im Nordwesten des Landes versuchten einheimische Bauern 35 Jahre nach den Bauernkriegen im Deutschen Reich, die Schwäche des Ordens zu nutzen und grundlegende Rechte für sich durchzusetzen. Sie schickten eine Gesandtschaft zum Rat der Stadt Tallinn, die dort Beschwerde gegen die Situation auf den Gutshöfen führen sollte. Die Bauern lebten als Leibeigene auf den Höfen. Die Gutsherren, überwiegend Deutsche, besaßen die vollständige Verfügungsgewalt über sie. Ein Jahrhundert zuvor waren ihnen mit der „Schollenpflicht" die letzten Freiheiten geraubt worden. Die Verfügung bedeutete, daß die Bauern den Hof, auf dem sie arbeiteten, nicht verlassen durften. Versuchten sie zu entkommen, galten sie als vogelfrei. Die einzige Möglichkeit eines Ortswechsels war der Verkauf durch den Gutsherrn. An dieser Form des Sklavenhandels beteiligte sich sogar der letzte große Ordensmeister Wolter von Plettenberg. Zwar herrschten nicht überall die gleichen schlimmen Bedingungen, doch es stand allein im Ermessen der Gutsherren, den Bauern eine menschliche

Deutschordensritter und Deutschordenspriester. Aquarelle aus einer Handschrift mit der im Jahre 1606 neugefaßten Ordensregel

Behandlung zukommen zu lassen. Verpflichtet dazu waren sie nicht.

Vor dem deutschen Rat von Tallinn stießen die Bauern mit ihren Beschwerden auf taube Ohren. Daraufhin griffen sie zu den Waffen, brannten Höfe nieder und töteten Gutsherren. Der estnische Bauernkrieg im Herbst des Jahres 1560 dauerte jedoch nur einige Wochen. Der Deutsche Orden war noch stark genug, um ihn niederzuschlagen, zumal die Bauern schlecht organisiert und bewaffnet waren.

17 Monate später, am 5. März 1562, wurde der livländische Ordensstaat endgültig aufgelöst. Der deutsche Landadel büßte dadurch aber kaum etwas von seinen Privilegien ein.

Als erstes versuchten die Russen unter Zar Iwan IV. „dem Schrecklichen" (1533–1584), aus dem entstandenen Machtvakuum Kapital zu schlagen. Bereits 1558 waren seine Truppen in den Osten des Landes eingefallen. Damit begann der Livländische Krieg, der sich über 25 Jahre hinzog. Rasch besetzten die Russen Narva und Tartu, bald auch Pärnu im Westen. Daß sie nicht zur Befreiung des Landes gekommen waren, wurde der Bevölkerung schnell klar. Mit Massakern, Folter und Exzessen – auch gegen Unbeteiligte – verbreiteten sie Angst und Schrecken. Allein die Stadt Tallinn konnte sich gegen die vorrückenden Russen behaupten, indem sie sich unter den Schutz des schwedischen Königs Erich XIV. stellte; Saaremaa wurde dänisch. Die Schweden nahmen den Hilferuf aus Estland gern auf. 1580/81 vertrieben sie die Russen aus dem Land. Der Frieden von Zapolje am 15. Januar 1582, der den Livländischen Krieg beendete, sicherte den Schweden die Herrschaft über Estland. Unter König Gustav II. Adolf (1611–32) eroberten sie weitere Teile des Baltikums. Damit trat eine vorübergehende Beruhigung der Situation ein. Die Landwirtschaft konnte sich erholen, die Bevölkerungszahl stieg stetig an. Von den Wirren des Dreißigjährigen Krieges blieb das Land weitgehend verschont, wenn die Menschen auch Abgaben leisten mußten, um die Kriegskasse der Schweden zu füllen. Das änderte indes nichts an der allgemeinen Verbesserung der Lage.

Die Einheimischen bekamen zudem in bescheidenem Umfang Zugang zu den neu gegründeten Schulen und Universitäten. Darüber hinaus schränkten die Schweden die Macht der adeligen deutschen Großgrundbesitzer ein. Sie entzogen ihnen Besitztitel und Teile der Gerichtsbarkeit. Einer von König Karl XI. (1660–97) angekündigten Aufhebung der Leibeigenschaft konnte sich der Adel jedoch erfolgreich widersetzen. Schließlich wurde die Zugehörigkeit Estlands zum Protestantismus endgültig gefestigt. Baltische Pastoren spielten in der Verwaltung eine wichtige Rolle.

Bis heute gilt die Schwedenherrschaft als die gute alte Zeit in Estland. Unter der sowjetischen Besetzung nach dem Zweiten Weltkrieg witzelten die Menschen häufig, man sollte den Schweden den Krieg erklären und dann sofort kapitulieren.

Die Zarenherrschaft

Die schwedische Epoche endete mit dem Großen Nordischen Krieg, der 1700 begann und sich über mehr als zwei Jahrzehnte hinzog. Estland wurde durch einen Angriff von Zar Peter I. „dem Großen" (1682–1725) auf Narva in die Kriegswirren einbezogen. Der russische Herrscher wollte sich endlich den lang ersehnten Zugang zur Ostsee sichern, wurde aber vom Schwedenkönig Karl XII. (1697–1718) zurückgeschlagen. Als Karl sich nicht damit begnügte, seine Besitztümer zu halten, sondern in der Ukraine gegen den Zaren aufmarschierte, leitete er seinen eigenen Untergang ein. Im Juli 1709 verlor sein Heer die entscheidende Schlacht bei Poltawa gegen die zaristischen Truppen, denen nun das Baltikum einschließlich Estlands offenstand. Tallinn ergab sich ein Jahr später dem russischen Heer. Im Frieden von Nystadt trat Schweden 1721 Estland offiziell an Rußland ab.

Für die Menschen in Estland war der Nordische Krieg verheerend. Er wurde vielfach nicht als offene Feldschlacht zwischen Armeen, sondern als Kleinkrieg geführt. Die Truppen zogen plündernd und mordend durchs Land. Ernten und Viehbestände, die nicht mitgeführt werden konnten, wurden systematisch vernichtet, um dem Gegner die Versorgung abzuschneiden. Die unvermeidliche Folge waren Hunger und Pest, so daß nur etwa ein Drittel der Bevölkerung den Krieg überlebte.

Von der Zarenherrschaft profitierte vor allem der deutsche Adel. Alle von Schweden erlassenen Einschränkungen der Privilegien wurden aufgehoben, aberkannte Landtitel zurückgegeben.

Damit versuchte der Zarenhof, der seit 1712 im benachbarten St. Petersburg residierte, seine Macht zu festigen. Die Konsequenzen waren jedoch verschärfte soziale Spannungen und Aufstände. Reformansätze wie die sogenannten Bauernverordnungen aus dem frühen 19. Jahrhundert, die den Bauern Freizügigkeit und rechtlichen Schutz zusichern sollten, blieben schon im Ansatz halbherzig und in der Praxis nahezu ohne Folgen, wenn auch die Leibeigenschaft am 8. Januar 1817 offiziell aufgehoben wurde. Die Verfügungsgewalt über das Land blieb jedoch bei den Großgrundbesitzern, die durch ein neues Fronpachtsystem die ländliche Bevölkerung weiterhin in ihrer Abhängigkeit hielten.

Die schlechte wirtschaftliche und soziale Situation begünstigte das Aufkommen nationaler Emanzipationsbewegungen in der Mitte des 19. Jahrhunderts. Forderungen nach sozialer Gerechtigkeit und nationaler Selbstbestimmung gingen Hand in Hand. Die alten Sagen wie das Kalevipoeg-Epos wurden neu entdeckt und verbreitet. Der Rückgriff auf frühere Helden und deren Kampf gegen das Böse gab den Menschen neuen Mut.

Unruhen und Revolutionen

Am Ende des 19. Jahrhunderts änderten sich die sozialen und wirtschaftlichen Rahmenbedingungen. Die Eröffnung einer Eisenbahnlinie zwischen Tallinn und St. Petersburg 1870 förderte die Industrialisierung und Mobilität. Eine Urbanisierung setzte ein, und die Einwohnerzahl des Landes stieg sprunghaft an. 1863 verzeichnete eine Volkszählung 720000 Esten, 24 Jahre später waren es 986000. Es entstand eine Arbeiterschaft, die sozialrevolutionären Strömungen aufgeschlossen gegenüberstand. 1905 wurde in Tartu die erste sozialdemokratische Partei Estlands gegründet.

Gleichzeitig bekam das informelle Bündnis zwischen dem Zarenhof und dem deutschen Adel Risse. In St. Petersburg gewannen pan-slawische Propagandisten immer mehr an Boden. Ihre Aktivitäten richteten sich auch gegen die Deutschen in Estland. So sollte Russisch zur ersten Sprache in Schule, Justiz, Verwaltung und Kirche werden. Viele Einheimische begrüßten zunächst die Zurückdrängung der Deutschen, stellten aber bald ernüchtert fest, daß sich für sie damit keine neuen Perspektiven eröffneten.

Als der Druck der Arbeiter auf den Zarenhof weiter zunahm, profitierten ironischerweise die Deutschen davon. Um die Anzahl der Feinde überschaubar zu halten und gewiß auch, weil er sich mit dem deutschen Adel enger verbunden fühlte als mit dem russischen Proletariat, nahm Zar Nikolaus II. (1894–1917) die deutschfeindlichen Maßnahmen zurück. Dennoch blieb Estland ein Unruheherd, denn die notwendigen sozialen Reformen ließen nach wie vor auf sich warten.

Die Revolution in Rußland von 1905 stieß in Estland auf lebhafte Unterstützung. Nach dem sogenannten „Blutsonntag" vom 9. Januar 1905, als zaristische Truppen Hunderte von demonstrierenden Arbeitern niedermetzelten, kam es in Tallinn, Tartu und Pärnu zu Streiks und Protestaktionen, denen sich große Bevölkerungsteile anschlossen. Neben Forderungen nach höheren Löhnen, kürzeren Arbeitszeiten und besseren Wohnverhältnissen ging es auch um politische Veränderungen und Demokratisierung. Nach wenigen Wochen griffen die Proteste von den Städten auf das Land über, wo sich der lang aufgestaute Haß gegen die Gutshöfe richtete und viele in Flammen aufgingen. Die Unruhen zogen sich über das ganze Jahr hin, bis der Zar im Oktober überraschend auf einige der Forderungen einging. Ob es nur Strategie war, um die Empörten zu besänftigen, oder ob die Scharfmacher am Zarenhof schließlich die Oberhand gewannen – am Ende blieben die versprochenen Reformen im Ansatz stecken, und die Armee übernahm die Initiative. In mehreren Strafexpeditionen schlug sie den Aufstand nieder und nahm grausame Rache. Standgerichte, bei denen es keinerlei Rechtsschutz oder Revisionsmöglichkeiten gab, verurteilten 1906/07 Tausende von Aufständischen zum Tode, zur Verbannung nach Sibirien, zu langen Haft- oder drakonischen Prügelstrafen. Die staatliche Brutalität gab den nationalen Bewegungen jedoch nur neuen Auftrieb.

Bis zum Ersten Weltkrieg rissen Streiks und Unruhen nicht ab. Ziel der Esten war nicht nur die soziale, sondern auch die nationale Befreiung. Der einzige Weg dorthin schien die volle Unabhängigkeit, denn innerhalb des russischen Vielvölkerstaats war von Selbstbestimmung zum Ende der Zarenherrschaft keine Rede mehr. Estland wurde von einem Generalgouverneur regiert, der direkt dem Zarenhof unterstand.

Die große Chance für die Esten kam nach dem Ersten Weltkrieg und dem Sturz des Zaren im Februar 1917. Die neue provisorische Regierung gestand den Esten innere Selbstverwaltung zu. Oberstes Organ sollte ein frei gewählter Landesrat, *Maapäev,* werden, wogegen sich vor allem unter den Gutsbesitzern Widerstand regte. Nach der Oktoberrevolution verschlechterten sich die Bedingungen für die Selbstbestimmung. Die Bolschewisten lösten den *Maapäev* auf, obwohl sich Lenin zuvor nationalen Forderungen gegenüber sehr aufgeschlossen gezeigt hatte. Er sprach vom „zaristischen Völkergefängnis", das es aufzubrechen gelte; eine Forderung, die sich nach Festigung der kommunistischen Macht als Propaganda entpuppte. Die Esten waren jedoch stark und selbstbewußt genug, sich von den neuen Herren in Rußland nicht einschüchtern zu lassen. Sie akzeptierten die Auflösung ihres Landesrates nicht. Zudem kamen ihnen erneute Kämpfe zwischen russischen und deutschen Truppen zugute, in deren Verlauf sich die Russen zurückziehen mußten.

So verabschiedete der Landesrat am 19. Februar 1918 das Manifest zur Erklärung der Unabhängigkeit Estlands. Fünf Tage später fand die feierliche Verkündung dieses Akts statt. Der erste Ministerpräsident wurde Konstantin Päts, der schon zuvor in der estnischen Nationalbewegung eine wichtige Rolle gespielt hatte. Als Ministerpräsident war er gleichzeitig auch Staatsoberhaupt.

Die neue Souveränität war jedoch zunächst nur von kurzer Dauer. Schon einen Tag später besetzten deutsche Truppen die estnische Hauptstadt, verwarfen die Unabhängigkeitserklärung und verhafteten Ministerpräsident Päts. Am 4. März erreichten die Deutschen Narva. Von den Angehörigen der deutschen Minderheit wurde die Entwicklung begrüßt. Sie sahen nun ihre Chance auf eine langfristige Anbindung an das Deutsche Reich gekommen. Dort jedoch hatten die Menschen andere Sorgen. Nach dem Matrosenaufstand vom November 1918, dem Waffenstillstand im Westen und der Abdankung des Kaisers gab Deutschland seine Expansionspläne im Osten auf. Um dem drohenden Vormarsch der Bolschewisten Einhalt gebieten zu können, wurde die estnische Unabhängigkeit schließlich anerkannt, und die Regierung erhielt ihre Kompetenzen zurück. Ihr blieb jedoch keine Zeit zum Atemholen, denn tatsächlich marschierte die Rote Armee an der Ostgrenze auf. Rasch brachte sie weite Landesteile unter ihre Kontrolle und drohte auch Tallinn einzunehmen. Mit Hilfe einer aus der Not geborenen Koalition – Freiwillige aus Finnland, ein britischer Flottenverband, das deutsche Baltenbataillon und zarentreue Soldaten –, die nur durch den gemeinsamen Feind vereint war, gelang es schließlich, das Blatt zu wenden. Bis Anfang Februar 1920 vertrieben die estnischen Truppen und ihre Verbündeten die übermächtige Rote Armee von estnischem Territorium. Am 2. Februar 1920 erkannte die neue Sowjetunion im Friedensvertrag von Tartu die Unabhängigkeit des Landes an.

Schwierige Demokratie

Die innenpolitische Konsolidierung des neuen Staates orientierte sich an hohen Idealen. Parlamentarische Demokratie und gesellschaftlicher Pluralismus waren die Fundamente. Allerdings war die Kommunistische Partei aufgrund der Erfahrungen mit der Sowjetunion verboten. Die Kommunisten agierten unter dem Namen „Einheitsfront des werktätigen Volkes". Bei der Wahl vom Mai 1923 erzielte diese Partei mit 10% ihr bestes Ergebnis. Dadurch fühlte sich die Sowjetunion offenbar stark genug für einen erneuten Versuch, das Land unter ihre Kontrolle zu bekommen. Am 1. Dezember 1924 wurde ein Putsch initiiert, der jedoch fehlschlug. Um sozialen Unruhen den Boden zu entziehen, hatte die Regierung bereits 1919 eine radikale Agrarreform verfügt. Die deutschen Gutsbesitzer, die mehr als 50% der landwirtschaftlichen Nutzfläche besaßen, wurden enteignet und das Land zehntausenden estnischen Bauern zur Verfügung gestellt. Ein beträchtlicher Teil des Landadels, der nur mit 3% des Wertes entschädigt wurde, siedelte daraufhin nach Deutschland über.

Eine andere Quelle möglicher Spannungen waren die verschiedenen Ethnien. Neben den Esten, die 88% der Bevölkerung stellten, lebten Russen, Ukrainer, Deutsche, Schweden u. a. im Land. Um deren Bedürfnissen nachzukommen, erließ die Regierung 1925 ein Autonomiegesetz, das weithin berühmt und gerühmt wurde. Als Minderheiten mit besonderen Rechten galten darin „das deutsche, russische und schwedische Volk sowie diejenigen auf estländischem Territorium lebenden Minoritäten, deren Gesamtzahl nicht kleiner als 3000 ist". Sie hatten unabhängig von ihrem Wohnsitz die Möglichkeit, sich in ein Nationalregister einzutragen, das die Basis für weitreichende kulturelle Selbstverwaltung war. So verfügte die russische Minderheit über eigene Grundschulen, Gymnasien, eine Studentenvereinigung, Theater, Zeitungen und sogar eine Pfadfinderbewegung, die nach ihrer Liquidierung in der UdSSR 1926 zur wichtigen Trägerin von Aktivitäten wurde.

Die demokratisch-pluralistische Periode endete 1934. Der „Verband der Freiheitskämpfer", eine rechtsnationale militaristische Gruppierung, erhielt damals regen Zulauf. Aus Furcht vor

Konstantin Päts

Kaum ein Politiker erfreut sich heute in Estland über alle Parteigrenzen hinweg solcher Wertschätzung wie Konstantin Päts. Dazu trägt seine Rolle bei der Gründung der ersten Republik und sein Schicksal nach der russischen Besetzung gleichermaßen bei. Daß der am 23. Februar 1874 in Tahkuranna (Tackerort), 20 km südlich von Pärnu gelegen, geborene Bauernsohn überhaupt einen wichtigen Part in der estnischen Geschichte spielen konnte, verdankte er großem Glück und einem guten Gespür für kommende Ereignisse. Der Junge besuchte die Schule in Pärnu, einem Ort, mit dem er sich sein Leben lang besonders verbunden fühlte.

Nach dem Schulabschluß entschloß er sich zu einem Jurastudium in Tallinn und wurde danach Rechtsanwalt. Zu der Zeit hatten die nationale Emanzipationsbewegung und die sozialistische Arbeiterbewegung einen nie gekannten Zulauf. Päts fühlte sich beiden verbunden. Er war ein überzeugter estnischer Patriot, stand jedoch auch den sozialistischen Ideen nahe. Die Bewegung in Tallinn war im Gegensatz zu der in Tartu eher an pragmatischen Zielen orientiert; der Einfluß der Arbeiterbewegung war ungleich größer. Päts griff als Herausgeber der Zeitung *Teataja* (Bote) in die Auseinandersetzungen ein. So war es nur folgerichtig, daß er auch bei dem großen Aufstand von 1905 dabei war. Dem zaristischen Geheimdienst blieb das nicht verborgen. Nach der Niederwerfung wurde er von einem Scharfgericht zum Tode verurteilt, doch gelang ihm rechtzeitig die Flucht, die ihn bis in die Schweiz führte.

Bei den Auseinandersetzungen am Ende des Ersten Weltkriegs, die schließlich zur Unabhängigkeit führten, war er längst wieder in seiner Heimat und zu einer von allen anerkannten Führungspersönlichkeit geworden. Bis zur sowjetischen Okkupation 1940 bestimmte er maßihrer Machtübernahme rief Ministerpräsident Konstantin Päts am 12. März 1934 den Ausnahmezustand aus und setzte anstehende Wahlen kurzfristig ab. Ein neuer Verfassungsentwurf, der von einer noch zu besetzenden Nationalversammlung abgesegnet werden mußte, gab dem Regierungschef und Staatsoberhaupt weitreichende Vollmachten auf Kosten des Parlaments und der politischen Parteien. Päts ließ sich sein Vorgehen durch ein Referendum bestätigen und regierte auf der Grundlage der neuen Verfassung bis 1940. Nach der Festigung seiner Herrschaft bemühte er sich um größere Liberalität. 1938 erließ er eine Amnestie für politische Gefangene und gab dem Parlament die alten Vollmachten zurück.

geblich die Geschicke des Landes. Innenpolitisch herrschte aufgrund einer extremen Zersplitterung der Kräfte eine instabile Lage. Bisweilen beteiligten sich 27 Parteien an den Wahlen, und bis zur parlamentarischen Krise von 1934 hatte es bereits 17 Regierungen gegeben. Es war vor allem Konstantin Päts zu verdanken, daß Estland dennoch eine wirtschaftliche und kulturelle Blüte erlebte. Seine Bildung, aber auch eine gewisse Klugheit, die nicht an Schulen und Universitäten gelernt werden kann – zumeist etwas despektierlich als Bauernschläue bezeichnet –, und sein politischer Instinkt machten ihn zum Garanten der Kontinuität. Im Umgang mit der Krise von 1934 wird ihm häufig autoritäres Verhalten vorgeworfen. Das ist jedoch allenfalls die halbe Wahrheit. Päts war kein totalitärer Herrscher, dem es in erster Linie darum ging, seine persönliche Macht abzusichern. Er war eher ein traditioneller Patriarch, der eine aus heutiger Sicht vielleicht übertriebene Verantwortung für ‚sein' Volk empfand. Bei den Menschen hat er sich damit viel Respekt und Anerkennung verschafft.
Sein Ende war ausgesprochen tragisch. Am 30. Juli 1940 wurde er – bereits 66jährig – vom stalinistischen Geheimdienst in die sowjetrussische Stadt Ufa am Ural deportiert. Damit begann ein vermutlich 16jähriger Leidensweg durch sowjetische Haftanstalten, Lager und psychiatrische Kliniken, ohne daß jemals Anklage gegen ihn erhoben worden wäre. Trotz aller Erniedrigungen blieb er ungebeugt, wie drei Briefe aus den 50er Jahren bezeugen, die zwanzig Jahre nach seinem mutmaßlichen Tod 1956 ins Ausland geschmuggelt werden konnten. An seinem Geburtsort hat die estnische Nationalbewegung bereits 1989 einen Gedenkstein errichtet.

Das weitere Schicksal Estlands entschied sich am 23. August 1939. An jenem Tag schlossen das Deutsche Reich unter Adolf Hitler und die Sowjetunion unter Josef Stalin den berüchtigten Nichtangriffspakt, der den Nazis den Weg zur Unterwerfung Polens ebnete. Ein geheimes Zusatzprotokoll teilte Osteuropa nach den Interessensphären der beiden Diktatoren auf. Estland fiel dabei – wie der Rest des Baltikums – an die UdSSR. Am 28. September 1939 zwang die Sowjetführung das kleine Land zu einem Beistandspakt, durch den sich die Rote Armee Stützpunkte an der Ostsee sicherte. 25000 sowjetische Soldaten wurden daraufhin in Estland stationiert.

Am 17. Juli 1940 ließ die Sowjetunion ihre Fassade vollends fallen und besetzte das Land. Sogleich begann der Terror gegen die Bevölkerung. Es kam zu Massenverhaftungen und ersten Deportationen. Zielscheibe waren vor allem diejenigen, die zu Beginn der Unabhängigkeit das Land gegen die damaligen sowjetischen Angriffe verteidigt hatten. Insgesamt wurden bis zum Einmarsch der Nazis knapp 20000 Menschen verhaftet und verschleppt. Die meisten von ihnen sind nie wieder aufgetaucht.

Der deutsche Angriff auf die Sowjetunion am 22. Juni 1941 unterbrach die stalinistischen Exzesse, doch kamen die Deutschen nicht, um das Land zu befreien. Gleichwohl verbanden die Einheimischen große Hoffnungen mit ihnen. Am 6. Juli überschritt die Wehrmacht die estnische Grenze, am 17. August hatte sie Narva im Nordosten erobert und zwei Monate später als letztes Gebiet die Insel Hiiumaa.

Einmal mehr waren die Einheimischen die Verlierer. Die Deutschen waren damals noch überzeugt, die Sowjetunion allein besiegen zu können. Deshalb sah die Heeresleitung keinen Grund, die antisowjetische Stimmung in Estland zur Stabilisierung der eigenen Herrschaft zu nutzen.

Nach der deutschen Niederlage vor Stalingrad begannen Wehrmacht und SS einheimische Verbände zu rekrutieren, die letztlich nicht mehr als Kanonenfutter waren. Sie verteidigten zwar lange ihre Stellungen gegen die vorrückende Rote Armee, konnten jedoch die erneute Besetzung des Landes nicht aufhalten. Am 20. Januar 1944 eroberte die Sowjetunion Narva und in den folgenden Monaten das gesamte Land. Sofort knüpfte der Geheimdienst an

Der Holocaust in Estland

In Estland lebten zu Beginn der Unabhängigkeit etwa 4000 Juden. Sie fielen damit unter das Autonomiegesetz, das ihnen Möglichkeiten zum Erhalt der eigenen Kultur bot. So wurde 1930 der Estnische Juden-Kongress gegründet. Beim Einmarsch der Nazis war knapp die Hälfte rechtzeitig geflohen, die anderen wurden von der SS innerhalb weniger Monate ermordet. Ende 1942 eröffneten die Nazis in Klooga, 30 km südwestlich von Tallinn, ein Konzentrationslager. Da es zu der Zeit in Estland bereits keine Juden mehr gab, wurde das Lager mit Deportierten aus Litauen, Polen, Rumänien, Frankreich und Deutschland gefüllt. Beim Rückzug der Nazis vor der Roten Armee waren in Klooga 2100 Menschen inhaftiert. Am 19. September 1944 wurden sie von der SS massakriert; nur 87 entkamen dem Massenmord. In Anwesenheit israelischer Abgeordneter enthüllte Ministerpräsident Mart Laar 50 Jahre später ein Mahnmal in Klooga. Während der sowjetischen Ära blieb kein Raum für ein würdiges Gedenken, da es offiziell keinen Holocaust gab, sondern nur Faschisten, die sowjetische Bürger ermordet hatten, wie Aleksandrs Bergmanis, ein Überlebender aus Lettland, es einmal ausgedrückt hat. Die geringe Sensibilität der Behörden für die jüdische Kultur wurde beim Abriß der großen Lenin-Statue in Tallinn 1991 offenkundig. Dabei stellte sich heraus, daß Grabsteine eines nahegelegenen jüdischen Friedhofs als Fundament benutzt worden waren.

den Terror des Jahres 1940 an. Zehntausende Personen, die der Kollaboration mit den Deutschen verdächtigt waren, wurden in den folgenden Jahren nach Sibirien deportiert. Gleichzeitig versuchten viele, nach Skandinavien oder Westeuropa zu entkommen. Der aus Riga stammende Historiker Alexander Schmidt schätzt, daß Estland durch die Kriegshandlungen und den Nachkriegsterror mehr als 20% seiner Bevölkerung verloren hat. (A. Schmidt 1992, S. 330).

Die Menschen haben sich mit der erneuten Besetzung jedoch nie abgefunden. Weitgehend unbemerkt von der Öffentlichkeit in Westeuropa führten estnische Verbände einen zehnjährigen Partisanenkrieg gegen die hochüberlegene Rote Armee. Schmidt schreibt darüber: „Die Widerstandsbewegung in den baltischen Ländern Ende der vierziger Jahre kann zur Zeit ihres Höhepunktes mit der des Vietcong in Südvietnam verglichen werden, der Stärke nach, der Ausrüstung nach und der Unterstützung nach, die sie aus der Bevölkerung erhielt." (Schmidt 1992, S. 331 f.) Die Zahl der „Waldbrüder", wie die Partisanen genannt wurden, betrug in Estland etwa 10000. Manche von ihnen hatten zuvor auch gegen die Nazis gekämpft oder Finnland in seinem Verteidigungskrieg gegen die Sowjetunion unterstützt. Letztlich scheiterten sie, weil sie keine Hilfe von außen erhielten, die Westmächte nämlich akzeptierten die Hegemonialansprüche der Sowjetunion eher als das Selbstbestimmungsrecht der baltischen Völker. Die Teilnahmslosigkeit des Westens gegenüber der Niederschlagung der Volksaufstände in der DDR 1953 und Ungarn 1956 untergruben die Moral der „Waldbrüder" nachhaltig.

Stalins lange Schatten

Erst nach Stalins Tod am 5. März 1953 verbesserte sich die Lage für die Esten ein wenig. Die Deportationen und andere brutale Menschenrechtsverletzungen wurden eingestellt. Was blieb, war der Terror gegen alle, die sich der Einverleibung durch die Sowjetunion widersetzten, sowie die Russifizierung und Kollektivierung. Die Russen siedelten in den städtischen Industriezentren, wo sie zum Teil noch heute die Bevölkerungsmehrheit stellen. Das gilt vor allem für den Nordosten. In Orten wie Narva, Sillamäe oder Kohtla-Järve spricht kaum noch jemand estnisch. In Tallinn stellen die Russen und andere Slawen etwa 40% der Einwohner. Insgesamt hat sich die Bevölkerungsverteilung des Landes zwischen 1934 und der letzten Volkszählung 1989 folgendermaßen verändert:

Tabelle 1: Nationale Zusammensetzung der Bevölkerung Estlands in %

	1934	*1959*	*1989*
Gesamtbevölkerung	1126413	1196791	1565662
Esten	88,2	74,6	61,5
Russen/Ukrainer/Weißrussen	8,2	22,3	35,2
Deutsche	1,5	–	0,2
andere	2,1	3,1	3,1

Quelle: Baltisches Jahrbuch 1989

In der Produktion von technischen Geräten und Maschinen zählte Estland zu den führenden Regionen, doch aufgrund des geringen Vertrauens der Führung in Moskau setzte diese überwiegend auf russische Arbeiter. Die Politik der Russifizierung beinhaltete jedoch mehr als nur die Ansiedlung von Russen. Russisch wurde zur Amts- und ersten Unterrichtssprache. Sie beherrschte auch den Kultur- und Medienbereich. Die Entfaltungsmöglichkeiten der Kirchen, die seit der Reformation wichtige Träger der nationalen Identität waren, wurden stark eingeschränkt. Dies galt vor allem für die Evangelisch-Lutherische Kirche. Mehrere Pastoren wurden unter fadenscheinigen Gründen verhaftet. Doch nicht nur Kirchenvertretern, sondern allen, die sich gegen die Russifizierung zur Wehr setzten und die Eigenständigkeit der estnischen Kultur betonten, drohten lange Haftstrafen wegen „antisowjetischer Propaganda“. Die meisten Verurteilten saßen ihre Strafen in unmenschlichen Arbeitslagern weit entfernt von Estland ab. In den 80er Jahren stellten die baltischen Republiken 30% der politischen Gefangenen in der UdSSR, aber nur 3% der Bevölkerung.

Verheerend waren auch die Folgen der landwirtschaftlichen Kollektivierung und Planwirtschaft. Kommunistische Funktionäre gaben die Zeit für Aussaat und Ernte vor. Die klimatischen Bedingungen oder gar alte Traditionen spielten keine Rolle mehr. Nach dem Abschluß dieser Maßnahmen Mitte der 50er Jahre war die Produktivität auf die Hälfte des Wertes vor der sowjetischen Besetzung gesunken.

Neue Perspektiven

Mit Michael Gorbatschows Wahl zum Generalsekretär der KPdSU im März 1985 eröffneten sich für die Esten allmählich neue Perspektiven, ihre nationale und kulturelle Identität zu wahren. Zwei Jahre nach seinem Machtantritt besuchte Gorbatschow zum ersten Mal Tallinn. Er äußerte Verständnis für die weitverbreitete Unzufriedenheit, erteilte jedoch „nationalen Bestrebungen“ eine klare Absage. Ähnliches erklärten auch die einheimischen Kommunisten. KP-Chef Karl Vainos wetterte auf dem Plenum des Zentralkomitees vom Januar 1988 gegen „nationalistische Manifestationen“, die im Fernsehen und anderen Medien einen viel zu großen

Raum fänden. Doch die Menschen ließen sich nicht länger einschüchtern. Im April 1988 wurde in Tallin die Volksfront *Rahvarinne* gegründet, die erste politische Gruppierung außerhalb des Machtmonopols der KPdSU. Innerhalb kurzer Zeit wurde sie zu dem, wovon die Kommunisten immer geträumt hatten – einer Massenbewegung im besten Sinn. Im Herbst mobilisierte sie 300 000 Menschen für eine Demonstration gegen die Annexion.

Unter dem Druck der Straße zog sich die alte kommunistische Führung zurück und überließ Reformkräften die Verantwortung, die erheblich mehr Verständnis für die Forderung nach Selbstbestimmung aufbrachten. So verabschiedete der Oberste Rat am 16. November 1988 eine Souveränitätserklärung, die estnisches Recht über sowjetisches stellte.

Ende März 1989 standen im gesamten sowjetischen Machtbereich freie Wahlen zum Volksdeputiertenkongress auf der Tagesordnung. Dabei erhielten die Kandidaten der Volksfront eine klare Stimmenmehrheit. Der 50. Jahrestag des Hitler-Stalin-Pakts am 23. August 1989 wurde zu einem Höhepunkt der öffentlichen Demonstrationen. Die Volksfronten organisierten eine 600 km lange Menschenkette, den sogenannten „Baltischen Weg" von Tallinn über Riga nach Vilnius. Mehr als eine Million Teilnehmer forderten damit die Liquidierung der Folgen des unseligen Paktes. Davon ließ sich auch der Volksdeputiertenkongress in Moskau beeindrucken, so daß er am 24. Dezember 1989 den Hitler-Stalin-Pakt für ungültig erklärte. Damit war der Weg für die Wiederherstellung der Unabhängigkeit bereitet.

Von der gewaltsamen Eskalation der Ereignisse in Riga und Vilnius, wo prosowjetische Einheiten im Januar 1991 versuchten, die Entwicklung gewaltsam aufzuhalten, blieb Estland verschont. Die Ursache lag nicht zuletzt darin, daß die estnischen Nationalisten relativ moderat vorgingen, vor allem im Vergleich zu Litauen. Im Februar fand ein Referendum über die Wiederherstellung der Unabhängigkeit statt. Obwohl im Land nur noch 61% Esten lebten, stimmten 77,8% dafür. Dadurch gestärkt, machten sich die Verantwortlichen daran, ihren Machtanspruch auch durch äußere Zeichen zu untermauern. Sie errichteten Zollstationen und Grenzposten und hißten die estnische Flagge.

Am 19. August unternahmen die Hüter der alten Ordnung in Moskau einen letzten Versuch, den Zerfall der sowjetischen

Protestkundgebung am 23.8.1990 in Tallinn gegen den Hitler-Stalin Pakt – Foto: Klemens Ludwig

Macht aufzuhalten. Sie erklärten Präsident Gorbatschow während eines Besuchs auf der Krim für abgesetzt, verhängten den Ausnahmezustand und setzten ein achtköpfiges Notstandskomitee ein. Der Putsch scheiterte nach zwei Tagen am entschiedenen Widerstand des jetzigen russischen Präsidenten Boris Jelzin und seiner Anhänger. Die baltischen Nationen nutzten die Gunst der Stunde, um ihre Anerkennung auch international durchzusetzen.

Deutsche Spuren in Estland

Deutschland und die deutsche Kultur haben in Estland einen ausgesprochen guten Ruf. Das mag verwunderlich erscheinen angesichts der jahrhundertelangen Dominanz deutscher Ritter und Gutsherren im Land, die der estnischen Kultur kaum mehr Achtung entgegengebracht haben als viele Russen heute. Zweifellos ist das hohe Ansehen auch in der Abgrenzung gegenüber den Russen begründet, denn diese brachten die estnische Kultur in wenigen Jahrzehnten an den Rand des Abgrunds. Zudem verblaßt weiter zurückliegendes Unrecht ohnehin mit der Zeit. Doch das alles reicht als Erklärung nicht aus. Viele Esten wissen es zu schätzen, daß die deutsche Herrschaft die Herausbildung eines eigenen Nationalbewußtseins nicht verhindert, ja seit der Aufklärung im späten 18. Jahrhundert sogar gefördert hat. Der deutsche Einfluß in Estland hat viele Gesichter und entzieht sich jeder pauschalen Bewertung.

Ausbreitung des Christentums

Schon vor der eigentlichen Ostsiedlung hatte es Kontakte zwischen Deutschen und Esten gegeben. Unter den Händlern, die seit dem 9. Jahrhundert die baltische Küste hinaufsegelten, um zwischen Skandinavien und Byzanz Geschäfte zu machen, befanden sich auch Sachsen und Westfalen. Sie blieben jedoch gegenüber den Wikingern in der Minderzahl und ließen keine dauerhaften Spuren zurück. Anders die Missionare und Ritter, die sich im Gefolge der Händler seit 1180 zwischen der Daugava und der Narva ausbreiteten.

Ohne Frage hat die Ankunft der Deutschen die Entwicklung einer eigenen nationalen Identität Estlands für Jahrhunderte unterbrochen, obwohl ihre Zahl im Livländischen Ordensreich nie mehr als 4000 betrug. Die estnische Lieder- und Erzählkultur ebenso wie die materielle Kultur (Kleidung, Schmuck, Häuserbau u. a.) blieb zwar erhalten, aber das Christentum übte im religiös-weltanschaulichen Bereich einen wachsenden Einfluß auf die Bevölkerung aus. Nach anfänglichem Widerstand verschwanden die vorchristlichen Religionen und Mythen im Untergrund, wo sie jahrhundertelang ein Schattendasein führten.

Die Ausbreitung des Christentums war eng mit der deutschen Herrschaft verbunden. Zur Volksreligion wurde es schließlich mit der Reformation. Diese setzte sich dank des ostpreußischen Reformators Andreas Knoppen frühzeitig in Riga durch und gelangte von dort bereits 1523 nach Reval (Tallinn) und Dorpat (Tartu), eher als in manche norddeutsche Gebiete. Wichtiger noch als der Erfolg in den Städten war das Vertrauen, das der Protestantismus auf dem Lande gewann. Es war die Reformation, die den Esten erstmals zu einer Schriftsprache verhalf, dem Motto

Luthers folgend, die Bibel dem Volk in seiner eigenen Sprache nahezubringen. Dazu war die Kenntnis der estnischen Sprache notwendig. Aus dieser Erfahrung heraus bemühten sich beide großen Konfessionen, eine Schrift zu entwickeln. Der Glaubenseifer, die Volksnähe und die daraus resultierenden Erfolge der Protestanten inspirierten nämlich die Jesuiten in der zweiten Hälfte des 16. Jahrhunderts, mit der Gegenreformation verlorenen Boden zurückzugewinnen. Damit hatten sie allerdings keinen Erfolg.

Das Scheitern der Gegenreformation hängt auch damit zusammen, daß seit dem 17. Jahrhundert der Pietismus unter den Deutschen im Land erheblich an Einfluß gewann. Diese Bewegung innerhalb des Protestantismus setzte auf die Erneuerung der Kirche gegen die herrschende Orthodoxie. Die Pietisten forderten ein einfaches Leben auf der Basis von Frömmigkeit, Gehorsam, Tugendhaftigkeit und Treue zur Bibel, die sie wörtlich als Gottes Offenbarung betrachteten. Erbauungsversammlungen, individuelle Seelsorge, eine ausgeprägte Jugendarbeit und Pflege des Liedguts bestimmten die religiöse Praxis. Soziale Werke und eine leidenschaftliche Missionstätigkeit waren weitere Bestandteile. Zum Kopf des deutschen Pietismus wurde Philipp Jacob Spener (1635–1705), der vor allem in Frankfurt und Berlin wirkte. Zu ihm unterhielten deutsche Pietisten in Estland enge Beziehungen. Dadurch konnte im frühen 18. Jahrhundert die bekannteste pietistische Gruppierung nachhaltigen Einfluß gewinnen: die Herrnhuter Brüdergemeine. Ihr Auftreten war besonders volkstümlich. Viele ihrer Mitglieder beherrschten die estnische Sprache und übersetzten mit großem Fleiß verschiedene Erbauungsbücher, die eine einfache, populäre Ethik vermittelten. Das Gemeindeleben sowie der Zusammenhalt über ethnische und soziale Grenzen hinweg wurde bei den Herrnhutern großgeschrieben – sofern die Einheimischen das Christentum annahmen. Die traditionellen Überlieferungen und Glaubensvorstellungen wurden von den Herrnhutern scharf bekämpft.

In den Kirchen schufen deutsche Maler und Bildhauer Kunstwerke, von denen manche die Jahrhunderte überdauert haben und noch heute zu bewundern sind. Das wohl bekannteste sakrale Kunstwerk in Estland ist das Wandgemälde „Der Totentanz“ in der Revaler Nikolai (Ningulisten)-Kirche. Der Maler Bernd Notke (1440–1509) aus Lübeck hat es 1482 angefertigt, um den Menschen – unabhängig von sozialem Stand und Ansehen – ihre Vergänglichkeit vorzuhalten.

Verwehte Spuren

Neben dem Missionseifer waren wirtschaftliche Interessen die wichtigste Triebfeder für die deutsche Kolonisation im Livländischen Ordensstaat. Ungeachtet der wechselnden Herrscher konnten die Deutschen ihre Privilegien bis zur Unabhängigkeit des Landes 1918 bewahren. Im Gegensatz zu den Missionaren und Priestern blieb der deutsche Landadel weitgehend unter sich. Kontakte zu den Einheimischen waren gar nicht erwünscht, ebensowenig die Veränderung der demographischen Verhältnisse durch die Ansiedlung deutscher Bauern. Es gab ja die Einheimischen als Leibeigene und billige Arbeitskräfte. Der deutschnationale Historiker Heinrich von Treitschke sah in dem Verhalten der deutschen Gutsbesitzer denn auch „eine volkstumspolitische Unterlassungssünde".

Die aus der Sicht eines großdeutschen Chauvinismus beklagenswerte Entwicklung hat zur Folge, daß von der 700jährigen Wirtschaftsdominanz nur noch stumme Zeugen wie zum Beispiel imposante Herrenhäuser und großzügige Landsitze übriggeblieben sind. Am Ende der Zarenherrschaft gab es im Land 840 Gutshöfe mit einer durchschnittlichen Fläche von über 2000 ha. Etwa 90% der Höfe befanden sich in deutscher Hand. Der Rest verteilte sich auf Russen und einige privilegierte Esten. Zu manchen Gütern gehörten ganze Dörfer mit Tausenden von Menschen. Sie bildeten eigene Verwaltungseinheiten. Insgesamt befanden sich 58% der landwirtschaftlichen Nutzfläche in der Hand der Gutsbesitzer. Zu den bedeutendsten deutschen Familien in Estland zählten die Namen Uexküll, von Stackelberg, von Tiesenhausen, Ungern-Sternberg, Hasselblatt, Wrangel, von zur Mühlen, von Taube sowie die russifizierten von Krusenstern.

Neben der Kirche und den Gutsbesitzern war die Hanse jahrhundertelang der mächtigste deutsche Arm. Ihr Aktionsradius beschränkte sich auf vier Städte: Reval, Dorpat, Pernau (Pärnu) und Fellin (Viljandi). Das Hinterland diente als billiges Rohstoffreservoir für den Handel mit den anderen Hansestädten an der

Das von Stackelberg'sche Palais auf dem Domberg (Reval) – Foto: Michael Welder © Rautenberg Verlag

Ostsee oder den russischen Fürstentümern. Getreide, Flachs, Hanf, Holz, Bernstein und andere Produkte fanden von Reval aus ihre Abnehmer. Auf den Hansetagen im Deutschen Reich waren die estnischen Städte regelmäßig vertreten.

Als im Deutschen Reich der Einfluß der Hanse seit dem 16. Jahrhundert zurückging – auf dem letzten Hansetag im Juni 1669 waren nur noch 9 von ehemals 180 Städten vertreten – war damit die deutsche Macht in den Städten keinesfalls gebrochen. Bis zur Industrialisierung, die Zehntausende Esten vom Land in die Städte trieb, bildeten die Deutschen in den Zentren die Bevölkerungsmehrheit. Reval hatte bis 1904 eine deutsche Stadtverwaltung, Dorpat sogar bis 1917.

Die Aufklärung

Die Epoche der Aufklärung, die heute von vielen Esten und Deutschen als wichtiges Bindeglied in den bilateralen Beziehungen angesehen wird, äußerte sich in Estland in konkreten Forderungen nach Aufhebung der Leibeigenschaft und tiefgreifender Verbesse-

Das Haus der Großen Gilde in Reval wurde 1410 in gotischem Stil erbaut – Foto: Kai Ulrich Müller

rung der Lebensbedingungen der einheimischen Bevölkerung. Auch wenn die Aufklärer, zu denen maßgeblich deutsche Intellektuelle gehörten, zahlenmäßig nur eine kleine Gruppe bildeten, so

Die Gilden

In der Pikk Jalg (Lange Straße) von Reval sind noch heute die Häuser der Großen Gilde, der Kanutus-Gilde sowie der Schwarzhäupter mit den Wappen der Hansekontore Bergen, Brügge, London und Nowgorod zu bewundern. Sie stammen aus dem 15. bzw. frühen 16. Jahrhundert. Als Schwarzhäupter bezeichneten sich die unverheirateten Kaufleute, ihr Patron war der schwarze St. Mauritius. Mit der Heirat traten sie der Großen Gilde bei. Deren Gebäude beherbergt heute das historische Museum. Neben den Händlern siedelten Handwerker in den Städten, die sich ebenfalls nach reichsdeutschem Vorbild in Gilden organisierten und den heiligen Kanutus als Schutzpatron hatten. Die Gilden waren ein bedeutender Machtfaktor in den Hansestädten und mischten sich unverblümt in die Politik ein. 1698 gelang es der Kanutus-Gilde, die Olevi-Gilde der nichtdeutschen Handwerker zu übernehmen.

ist es ihnen doch zuzuschreiben, daß manche Willkür der Großgrundbesitzer, die bis ins 19. Jahrhundert hinein vollständig über die Einheimischen verfügen konnten, an die Öffentlichkeit drang. Damit leisteten sie ihren Beitrag zur Beendigung der Leibeigenschaft 1817. Vor allem der Pfarrerssohn Garlieb Merkel aus Livland tat sich als Verteidiger der Landbevölkerung hervor. In einer 1796 in Leipzig erschienenen Kampfschrift stellte er die deutschen Adeligen wegen ihrer Grausamkeit an den Pranger und bezichtigte das Deutsche Reich der Komplizenschaft. Nur seine eigene soziale Stellung bewahrte Merkel vor Verfolgung. Es gab jedoch auch Adelige, die den Ideen der Aufklärung nahestanden. Zu erwähnen ist Graf Peter von Manteuffel, der bei seinen Zeitgenossen als Exzentriker verrufen war. Er forderte ebenso wie der Theologe und Schriftsteller Otto Wilhelm Masing die Abschaffung der Leibeigenschaft.

Neben den bekannteren Personen machten sich auch viele deutsche Pastoren und Lehrer um die Ausbildung der Einheimischen verdient. Sie förderten materiell und ideell die Gründung von Volksschulen, so daß in der zweiten Hälfte des 19. Jahrhunderts nahezu die gesamte Landbevölkerung Anteil an der Volksschulbildung hatte. Dies trug wesentlich zur Entwicklung der Nationalbewegung bei. Bezeichnenderweise gab es zu Beginn des 20. Jahrhunderts nahezu keine Analphabeten mehr im Land.

Jakob Michael Reinhold Lenz

Eine der hoffnungsvollsten literarischen Begabungen unter den Deutschbalten wurde am 21. Januar 1751 in Sesswegen als Sohn eines Pastors geboren. Jakob Michael Reinhold Lenz schien zunächst dieselbe Laufbahn einzuschlagen wie viele seiner Landsleute. In Dorpat besuchte er die Schule, danach wechselte er zum Theologiestudium nach Königsberg. Im Alter von zwanzig Jahren brach er sein Studium ab und begleitete zwei Adelige nach Straßburg. Dort erhoffte er sich einen besseren Kontakt zur Literaturwelt, die ihn mehr reizte als das Studium und die Aussicht auf eine Stellung als Landpfarrer in Livland. Tatsächlich lernte er in Straßburg Goethe und dessen Freundin Friederike Brion sowie auch Johann Gottfried Herder kennen. Der spätere Dichterfürst hatte sich ein Jahr zuvor dort niedergelassen, um sein Studium zu beenden. Die junge Frau war die Tochter des Pfarrers von Sesenheim. Lenz verliebte sich heftig in sie, und als Goethe noch im Jahr 1771 nach Frankfurt zurückging, versuchte er vergeblich, mit ihr eine Verbindung einzugehen. Literarisch war Lenz dagegen erfolgreicher. Er wurde zu einer wichtigen Figur der Sturm und Drang-Literaturepoche, häufig in einem Atemzug mit Goethe genannt. Neben Poesie und Dramen mit sozialen und kulturkritischen Themen verfaßte Lenz auch theoretische Schriften wie die vielbeachteten „Anmerkungen übers Theater". Darin schrieb er unter anderem, das Genie bedürfe keiner Regeln, sondern bewege sich frei und unabhängig.

Dies nahm Lenz auch für sich in Anspruch, doch zerbrach er daran. 1776 ging er nach Weimar, wo er mit Goethes Unterstützung seine Arbeit fortsetzen wollte. Seine ungeduldige und aufbrausende Art stieß dort jedoch auf Befremden, und so mußte er bald wieder fortziehen. Gerade 25jährig hatte er den Zenit seines Schaffens bereits überschritten. Lenz ging von Weimar aus ins Elsaß, versuchte sich notdürftig als Privatlehrer über Wasser zu halten und zeigte erste Anzeichen von geistiger Umnachtung. Bei einem Pfarrer im Steintal fand er vorübergehend Unterkunft, bevor ihn sein Vater 1779 zurück nach Livland holte. Dort hielt er es aber nur zwei Jahre aus. Dann brach er Richtung Moskau auf. Zehn Jahre lang führte er ein unstetes Wanderleben im russischen Reich, unfähig, weiterer literarischer oder sonstiger Arbeit nachzugehen. Am 24. Mai 1792 starb er völlig verarmt und weitgehend vergessen in Moskau. Für seinen Nachruhm sorgte Georg Büchner 1839 mit der Novelle „Lenz". Darin zeichnet er den gescheiterten Dichter als einen Mann, der durch das „Leiden am Leid der Welt" in den Atheismus und den Wahnsinn getrieben wird.

August von Kotzebue

Einen bedeutenden Beitrag zur deutschen Kultur in Estland leistete ein Mann aus Weimar, August von Kotzebue. Der gelernte Jurist und bedeutende Dramatiker war 23 Jahre alt, als er im Jahr 1783 erstmals nach Reval kam. Dort wurde er zwei Jahre später Präsident des Gerichtshofes. Die Dichtkunst und das Theater, denen er sich nebenbei widmete, interessierten ihn jedoch mehr als die Juristerei. So gab er die Stellung am Gericht 1795 auf und zog sich auf sein Landgut Friedenthal bei Narva zurück. Aber auch dort hielt es ihn nicht lange. Kotzebue begann ein recht unstetes Wanderleben, das ihn unter anderem wieder nach Weimar, Jena, Berlin, Wien und St. Petersburg führte. In Berlin gab er zusammen mit Garlieb Merkel zwischen 1803 und 1806 die romantikerfeindliche Zeischrift „Der Freimütige" heraus. Vor den herannahenden Truppen Napoleons floh er über Königsberg wieder nach Reval und erhielt 1813 die russische Staatsbürgerschaft. In der estnischen Hauptstadt verhalf er dem deutschen Theater, dessen Direktor er war, zu großer Blüte. Dennoch blieb er nicht dort. Er übersiedelte wieder nach Königsberg und wurde schließlich am 23. März 1819 in Mannheim von dem Jenaer Theologiestudenten Karl Ludwig Sand erdolcht, weil er in seinen Schriften die patriotischen und liberalen Ideale der Burschenschaften lächerlich gemacht hatte. Sein 1787 in Reval geborener Sohn Otto wurde ein bedeutender Naturforscher und Expeditionsreisender in russischen Diensten.

Für die geistige Elite der Deutschen in Estland spielte die Neugründung der Universität Dorpat 1802 eine wichtige Rolle. Deutsch war die Unterrichtssprache, und viele der dort ausgebildeten Wissenschaftler erlangten im Deutschen Reich Anerkennung, wie zum Beispiel der Theologe Adolf von Harnack, der Zoologe Karl Ernst von Baer, der Chemie-Nobelpreisträger Wilhelm Ostwald, der Historiker Theodor Schiemann, der Indologe Leopold von Schroeder und andere mehr.

Deutsch-russische Konfrontation

Der deutsche Beitrag zur Förderung des estnischen Nationalbewußtseins wurde nicht von allen Deutschen begrüßt, denn seit Mitte des 19.Jahrhunderts fühlte sich die deutsche Elite ihrer Herrschaft offenbar nicht mehr so sicher. Dabei war es weniger die baltische als die pan-slawische Bewegung, die den Deutschen zu schaffen machte und versuchte, Esten und Deutsche gegeneinander auszuspielen. Das informelle, auf gleicher aristokratischer Abstammung basierende Bündnis zwischen dem deutschen Adel und dem Zarenthron, das den Deutschen bis ins 19. Jahrhundert hinein ihre Privilegien gesichert hatte, geriet allmählich ins Wanken. Zwischen 1840 und 1860 gelang es den Russen, knapp 20000 Esten zum Übertritt in die Russisch-Orthodoxe Kirche zu bewegen. Dieser sogenannten Konversionsbewegung lagen freilich mehr soziale als religiöse Motive zugrunde, da viele einheimische Bauern mit handfesten wirtschaftlichen Vorteilen gelockt wurden. 1866 erließ die russische Verwaltung allgemeine Gewerbefreiheit für die Handwerker, und so sahen sich die Deutschen, die zuvor eine Monopolstellung innehatten, plötzlich der örtlichen Konkurrenz ausgesetzt.

Noch bedrohlicher waren Angriffe russischer Publizisten, deren Ziel es war, den Einfluß der deutschen Intelligenz am Zarenthron einzudämmen. So warf Jurij Samarin 1868 den Deutschen vor, gegen die Interessen Rußlands und des Zaren zu arbeiten.

Die Gegenrede führte der Geschichtsprofessor Carl Schirren aus Dorpat. In seiner als „Livländische Antwort auf Herrn Jurij Samarin" titulierten Schrift machte Schirren die Fronten unmißverständlich deutlich: Die Rechte der Deutschbalten waren danach universelle Prinzipien der Humanität, die es gegenüber der nationalen Intoleranz einer Großmacht zu verteidigen galt. Daß die Deutschen selbst den ältesten Bewohnern im Land die nun eingeklagten Rechte jahrhundertelang vorenthalten hatten, kam dem Geschichtsprofessor nicht in den Sinn. Ebensowenig war in der „Livländischen Antwort" von den aktuellen Problemen der Einheimischen die Rede. So ging es Schirren in erster Linie um die bedrohten Privilegien einer Elite.

Der verhängnisvolle Blick zum Reich

Schirrens Offensive hatte letztlich eine für seine Klientel fatale Folge: Er verknüpfte die Interessen der Deutschbalten eng mit den Vorgängen im Deutschen Reich und legte damit den Grundstein zu einer Entwicklung, die siebzig Jahre später zum Ende der deutschen Präsenz in Estland führen sollte. Wörtlich heißt es bei

Schirren: „Gegen den Instinkt der Zerstörung behaupten wir die großen Privilegien des Rechts, der Gewissensfreiheit, der Menschenwürde, ob auch nur für drei kleine Provinzen. In der Provinz gerettet, sind gerettet fürs Reich." Die enge Verquickung des eigenen Schicksals mit dem des „Mutterlandes" stieß bei den Deutschbalten auf fruchtbaren Boden. Unter den Intellektuellen, zumal solchen, die an den politischen Vorgängen Anteil nahmen, wuchs die Tendenz, nach Deutschland überzusiedeln, um dort die Öffentlichkeit für die vermeintlich bedrohten Deutschbalten zu mobilisieren. Schirren selbst ging diesen Weg nicht ganz freiwillig. Aufgrund der Schrift verlor er 1869 seine Professur.

Unter den deutschbaltischen Emigranten war Schirren keinesfalls der lauteste. Die Publizisten Woldemar von Bock und Julius von Eckardt, die 1865 bzw. 1867 ihre Heimat verließen, schlugen deutlich schärfere antirussische Töne an. Besonderen Erfolg verzeichneten sie damit nicht, denn im Deutschen Reich, dessen Einigung gerade betrieben wurde, interessierten sich zunächst nur wenige für die kleinen Provinzen an der Ostsee.

Das änderte sich zwanzig Jahre später nach einer erneuten Auswanderungswelle deutschbaltischer Intellektueller. Deutschland war inzwischen so gefestigt, daß sich die führenden Politiker recht unverblümt Expansionsbestrebungen hingeben konnten. Beim kolonialen Wettlauf in Afrika war für ihr Land nicht viel übriggeblieben. So richtete sich das Augenmerk auf osteuropäische Ziele, wobei Estland gemeinsam mit Lettland als Brückenkopf betrachtet wurde. Dies wird von Vertretern der Deutschbalten, die am Ende die Opfer dieser Politik waren, inzwischen offen eingeräumt:

„Damals erreichte die gegen Rußland gerichtete Agitation der baltischen Emigranten in Deutschland ihren Höhepunkt. Sie zielte auf die Abtrennung der westlichen, nicht von Russen besiedelten Randgebiete vom Russischen Reich. Diese Bestrebungen sollten nicht isoliert, sondern im Rahmen der Diskussion um die deutschen Kriegsziele betrachtet werden, an der sich bekanntlich auch binnendeutsche Gelehrte und Publizisten, selbst solche liberaler Geisteshaltung, in durchaus annexionsfreundlichem Sinne beteiligen." (Carl Schirren Gesellschaft: Die Deutschbalten, Lüneburg, 2. Aufl. 1978, S. 53)

Zu Beginn des 20. Jahrhunderts zwangen Ereignisse in Estland die Deutschen dort zunächst zu einer Änderung ihrer antirussischen Agitation. Die Wut der so lange unterdrückten Einheimischen entlud sich mit aller Gewalt in der Revolution von 1905. Deutsche Gutshöfe und Herrensitze waren Zielscheibe der Erhebung. Den Deutschen blieb deshalb keine andere Wahl, als sich mit den Truppen des ungeliebten russischen Zaren zu verbünden, um den Aufstand niederzuschlagen. Die Rache der Sieger war grausam: „Die Zahl der Opfer der Strafexpeditionen und der Feldgerichte war um ein Vielfaches höher als die Zahl der Opfer des revolutionären Terrors." (Die Deutschbalten, S. 56) Damit hatten die Deutschbalten ihre Privilegien vorübergehend gesichert und sich als zuverlässige Bündnispartner des Zaren erwiesen, doch bei der einheimischen Bevölkerung viele Sympathien verspielt.

Die deutsche Besetzung und ihr schnelles Ende

Den Ersten Weltkrieg erlebten die meisten Deutschbalten in der russischen Armee. Nach der Februarrevolution von 1917 und der Abdankung des Zaren sahen viele jedoch ihr langersehntes Ziel, den Anschluß ihres Landes an das Deutsche Reich, in Sicht. Baltische Emigranten, von denen Theodor Schiemann zu den engsten Vertrauten Kaiser Wilhelms II. gehörte, überzeugten die Oberste Heeresleitung von der Notwendigkeit, das Gebiet bis zur Narva zu besetzen. Übergriffe der Bolschewisten gegen deutsche Adelige erleichterten der Armeeführung die öffentliche Rechtfertigung des militärischen Vorgehens. Bis Anfang März 1918 war Estland von deutschen Truppen und der baltischen Landeswehr besetzt, die kurz zuvor etablierte unabhängige Regierung verhaftet. Die Bevölkerung begegnete den Soldaten mit Ablehnung. Allein massive Militärhilfe aus Berlin hätte den Anschluß sicherstellen können. Durch den Sturz des Kaisers im November 1918 erhielten die großdeutschen Pläne einen entscheidenden Rückschlag. Mit der Schlacht von Wenden (Cēsis) am 23. Juni 1919, als eine estnisch-lettische Einheit die baltische Landeswehr besiegte, mußten sie endgültig begraben werden.

Als kurze Zeit später bolschewistische Truppen an der Nord- und Ostgrenze Estlands auftauchten und große Landesteile unter ihre Kontrolle brachten, erhielt die junge Republik Unterstützung durch die Landeswehr. Das rettete den Deutschen jedoch nicht ihre Privilegien in dem neuen Staat. Eine umfassende Landreform beendete ihre wirtschaftliche Dominanz. Zwar genossen sie kulturelle Autonomie, doch hielt dies viele Intellektuelle nicht von der Übersiedelung nach Deutschland ab. Unter ihnen befanden sich Schriftsteller wie Werner Bergengruen, Hermann Graf Keyserling oder die Malerin Ida Kerkovius. Die Deutschen stellten in der Republik etwa 20000 Menschen oder 1,5% der Bevölkerung. Die tolerante Politik gegenüber den Minderheiten wußten sie – und die anderen betroffenen Nationalitäten – kaum zu schätzen, wie es der Fernsehjournalist Bernd Nielsen-Stokkeby in seinen „Baltischen Erinnerungen" beschreibt:

„Als ich in Estland, nach anfänglichem häuslichen Privatunterricht, zunächst in Viljandi (Fellin) und später in Tartu eine deutsche Schule besuchte, war ich mir gar nicht dessen bewußt, daß ich als Angehöriger einer nationalen Minderheit eigentlich keinen selbstverständlichen Anspruch darauf hatte. Das von der estnischen Regierung ihren Minderheiten, also den Deutschen, Russen und Schweden, eingeräumte Recht auf muttersprachlichen Unterricht wurde von den betroffenen Schülern als völlig natürlich empfunden. Dieser muttersprachliche Unterricht war Bestandteil der den Minderheiten garantierten Kulturautonomie, die ihrerseits auf dem ebenfalls in der Verfassung festgeschriebenen Recht auf freie Bestimmung der Nationalität basierte." (Bernd Nielsen-Stokkeby 1990, S. 110)

Die fatale Faszination durch Hitler

Die nationalsozialistische Bewegung übte eine folgenschwere Anziehungskraft auf viele Deutschbalten aus. Dafür gab es mehrere Gründe. Einerseits konnten sich manche mit dem Verlust ihrer Privilegien nicht abfinden, und Hitlers kämpferische Rhetorik sowie seine scheinbaren Erfolge weckten neue Hoffnungen auf alte Größe. Andererseits schränkte die Regierung Päts die Rechte der Minderheiten nach der Verhängung des Ausnahmezustands 1934 erheblich ein. Hitler wußte die Bindung der Deutschbalten an das Reich geschickt zu nutzen und ihr eine neue Perspektive zu geben. Was er wirklich im Schilde führte, ahnten in Estland nur wenige. Am 6. Oktober 1939 rief er in einer Rede vor dem Reichstag zur „Heimholung der nicht haltbaren Splitter des deutschen Volkstums“ auf. Damit waren neben den Deutschbalten die Südtiroler gemeint. Die Modalitäten der Umsiedlung hatte Außenminister Ribbentrop zwei Wochen vorher in Moskau heimlich ausgehandelt. Während die deutschsprachige Bevölkerung in Südtirol einer Umsiedlung erst nach massiver Einschüchterung halbherzig zustimmte, stieß der Aufruf in Estland und Lettland auf ein positives Echo. Endlich sahen die Deutschen die Möglichkeit gekommen, aktiv an den scheinbar so heroischen Taten des deutschen Volkes teilzunehmen, anstatt als ehemals mächtige Minderheit der Gnade einer Nationalregierung ausgeliefert zu sein. Ihr neuer Siedlungsraum sollte in Westpreußen und im Warthegau liegen.

Der Zuspruch war so groß, daß 80% der Deutschbalten innerhalb weniger Monate mit entsprechender Entschädigung auf Schiffen die Heimat verlassen hatten. Der Rest folgte bis auf wenige Ausnahmen noch vor dem deutschen Überfall auf die Sowjetunion. Nur wenige Hundert Menschen verweigerten sich dem Ruf des „Führers“.

Die Aussiedlung der Deutschen war Hitlers Gegenleistung für Stalins Einverständnis mit der deutschen Besetzung Polens. Zudem wollte sich der deutsche gegenüber dem sowjetischen Diktator als vertrauenswürdiger Partner erweisen, damit der Überfall auf die UdSSR umso überraschender erfolgen konnte. Die Deutschbalten waren also nur Marionetten in Hitlers Expansionsplänen. Ihre Hoffnung auf den „Führer“ bezeichnet das „Jahrbuch des baltischen Deutschtums“ der Carl Schirren Gesellschaft von 1989 treffend als Versuch, „daß der Täter das Opfer vor den Folgen seiner Tat schützt“.

Die schnelle Besetzung des Landes durch die Wehrmacht bescherte den Deutschbalten keine Rückkehr in ihre Heimat, da die Nazis die grundlegende Neugestaltung Osteuropas erst nach dem „Endsieg“ vornehmen wollten. Als der Krieg einen anderen Verlauf nahm, wurden sie im Winter 1944/45 ein zweites Mal unter ungleich härteren Bedingungen umgesiedelt. Etwa die Hälfte von ihnen erreichte 1945 die westlichen Besatzungszonen, ein kleinerer Teil blieb in der sowjetischen Zone, andere emigrierten ins Ausland. Bis heute nehmen die Deutschbalten in der bundesdeutschen Gesellschaft mehr führende Stellungen an Universitäten, in der Publizistik, in den Kirchen oder in der Diplomatie ein, als es ihrem verschwindend geringen Prozentsatz an der Gesamtbevölkerung entspricht.

Neue Perspektiven?

Die wenigen Deutschen, die Hitlers Ruf 1939 nicht gefolgt waren, konnten sich nach dem Krieg nur mit Hilfe der Preisgabe ihrer Identität vor der stalinistischen Verfolgung retten. Wollten sie nicht in Sibirien verschwinden oder gleich umgebracht werden, mußten sie sich als Esten ausgeben. Das ging relativ leicht, da sie die Sprache beherrschten und verräterische Papiere den Kriegswirren zum Opfer gefallen sein konnten.

Den Ausgesiedelten und ihren Nachkommen machte der estnische Präsident Lennart Meri bei einer Feier zum fünften Jahrestag der deutschen Wiedervereinigung am 3.Oktober 1995 in Berlin ein großzügiges und überraschendes Angebot. In seiner Rede versicherte er ihnen:

„Die estnische Geschichte ist ebenso die Geschichte Europas. Das Land der Esten war, ist und bleibt gleichfalls die Heimat der Deutschbalten. Das Deutschbaltentum ist für Estland immer eine kulturelle Brücke und ein geistiges Bollwerk gewesen. ... Als Präsident Estlands will ich den heutigen bedeutungsstarken Tag in Berlin zum Anlaß nehmen und der deutschen Öffentlichkeit versichern, daß der Freistaat Estland ein weltoffenes Land ist, wo das Recht auf eine angestammte Heimat ebenso bewahrt ist wie die sämtlichen Rechte, die eine *conditio humana* auch in der Tat menschenwürdig gestalten. Estland ist und bleibt offen allen Deutschen, die heute willig sind, von ihrem Recht auf ihre Heimat Gebrauch zu machen."

Die Reaktion auf das Angebot hielt sich in engen Grenzen; die Deutschbalten – und viele andere Deutsche ohne Vorfahren im Land – kommen lieber als Touristen.

Der Hafen von Pärnu (Pernau) liegt in einer geschützten Bucht an der Südwestküste Estlands – Foto: Kai Ulrich Müller

POLITIK UND WIRTSCHAFT

Ein neuer Staat geht seinen Weg

Eines war den Esten, wie allen baltischen Völkern, während der Auseinandersetzungen am Ende der 80er und zu Beginn der 90er Jahre sehr wichtig: Das Bewußtsein für die historische Kontinuität. Auch das Ausland sollte anerkennen, daß es um die *Wiederherstellung* der Unabhängigkeit ging. Mit diesem Anspruch tat es sich zunächst schwer. Zu Beginn des Putsches in Moskau hatten die westlichen Regierungen tunlichst vermieden, Stellung zu beziehen. Das einzige, was von den Putschisten gefordert wurde, war die Einhaltung der „internationalen Verpflichtungen" – wozu jene sich denn auch eifrig bekannten. Offenkundig war der Westen bereit, sich mit der alten Garde in Moskau zu arrangieren, auch wenn im Baltikum damit die Uhren um mindestens zwanzig Jahre zurückgestellt worden wären. Aber das ist jetzt erfreulicherweise nur Spekulation.

Völkerrechtliche Anerkennung

Die völkerrechtliche Anerkennung der Unabhängigkeit ging von kleineren Staaten West- und Nordeuropas aus. Island machte am 26. August 1991 den Anfang, die EU folgte einen Tag später. Am 2. September trat der vorherige Generalkonsul in St. Petersburg, Henning von Wistinghausen, als erster deutscher Botschafter in Estland sein Amt an. Am längsten zögerte US-Präsident George Bush mit der Anerkennung. Erst eine Woche nach der EU konnte er sich zu diesem Schritt entschließen. Dabei vergaß er nicht, den Wunsch nach einem „soliden und überzeugenden Partner in Moskau" zu betonen.

Aus Moskau selbst kam am 5. September die langersehnte Bestätigung der staatlichen Souveränität. Unter dem Druck der weltweiten Unterstützung für die Balten sowie der damals noch probaltischen Haltung des aus dem Putsch gestärkt hervorgegangenen Boris Jelzin unterzeichnete Präsident Gorbatschow ein Dekret, das Estland gemeinsam mit Lettland und Litauen in die Unabhängigkeit entließ. Der Volksdeputiertenkongress sowie der neu geschaffene Staatsrat stimmten dem zu. Damit stand auch der Aufnahme in die Vereinten Nationen nichts mehr im Wege.

Am 17. September hielt dort der erste unabhängige estnische Präsident der Nachkriegszeit, Arnold Rüütel, seine Antrittsrede.

Freie Wahlen

Die Anerkennung durch die Weltgemeinschaft bedeutete zwar einen großen Erfolg für die Esten, doch die Probleme waren damit keinesfalls gelöst. Diese waren vor allem innenpolitischer Natur: Im Land standen mindestens 40000 (nach manchen Quellen sogar 80000) Sowjetsoldaten. Dazu kamen über 500000 nicht-estnische Zivilisten – überwiegend Russen, aber auch 48000 Ukrainer und 27000 Weißrussen –, die nach der Okkupation in den Industriezentren angesiedelt worden waren. Außerdem lag die Wirtschaft am Boden. Die Inflation betrug annähernd 100% und die Produktivität war gegenüber dem Vorjahr um 13% gesunken.

Wie schon in der Vorkriegszeit blieben die Regierungen nie lange im Amt. Dennoch gelang es den Verantwortlichen, in allen Bereichen Fortschritte zu erzielen, die eine Integration des Landes in den europäischen Einigungsprozess ermöglichten. Eine wichtige Weichenstellung für die Zukunft waren die Parlaments- und Präsidentenwahlen vom 20. September 1992, die ersten nach einem eigenen Wahlrecht. Die Ergebnisse machten eine Eigentümlichkeit der nachsozialistischen Staaten deutlich: Während die alte Nomenklatura insgesamt wenig Sympathien genoß, konnten einzelne ihrer Vertreter durchaus das Vertrauen der Bevölkerung gewinnen. Bei der Präsidentenwahl gab es zwei aussichtsreiche Kandidaten, den amtierenden Präsidenten Arnold Rüütel, ein ehemaliger KP-Funktionär, der das Land in die Unabhängigkeit geführt hatte, sowie Lennart Meri, Schriftsteller, Philosoph, Filmemacher, amtierender Außenminister und Oppositioneller, dessen Familie von den Sowjets nach Sibirien deportiert worden war und der selbst unter einem Berufsverbot gelitten hatte.

Rüütel gewann die Wahl mit 42,9% der Stimmen klar vor Meri, der 28,8% erhielt, doch er verfehlte die notwendige absolute Mehrheit, um sein Amt zu verteidigen. Die Stichwahl fand in dem zur selben Zeit gewählten Parlament, dem *Riigikogu*, statt. Dort war Rüütels Partei *Kindel Kodu* (Sicheres Haus) nur mit 16 von 101 Sitzen vertreten, also deutlich weniger als sein Stimmenanteil bei der Präsidentenwahl. Die reformierte Kommunistische Partei

Lennart Meri

Im ganzen Baltikum gibt es keinen, der die Interessen der Region mit so viel Eloquenz, diplomatischem Geschick und Überzeugung vertritt wie der estnische Präsident. Die Diplomatie ist ihm in die Wiege gelegt, denn Lennart Meri wurde am 29. März 1929 als Sohn des Diplomaten Georg Meri in Tallinn geboren. Seine frühe Kindheit verbrachte er in Berlin und Paris, wo sein Vater als estnischer Gesandter arbeitete. Ende der 30er Jahre kehrte die Familie heim, um sich auf die Versetzung des Vaters nach Washington vorzubereiten. Der Einmarsch der Roten Armee machte diesem Vorhaben jedoch ein Ende, und statt nach Westen mußte die Familie eine lange Reise in den Osten, nach Sibirien, antreten. Aufgrund eines Behörden-Irrtums durfte der 17jährige Lennart schon 1946 wieder zurück und sogar in Tartu ein Geschichtsstudium aufnehmen. Am Ende des Studiums bemerkte der KGB den Irrtum und erteilte dem Examinierten Berufsverbot. Lennart Meri ließ sich davon nicht einschüchtern, sondern wandte sich anderen Arbeitsgebieten zu. Er verdiente sein Geld als Filmemacher, Radiojournalist, Theaterdirektor und Kunstkritiker. Sein besonderes Interesse galt anderen Minderheiten in der Sowjetunion, über die er einige Dokumentarfilme erstellte. Auch mythologische Themen hat er immer wieder aufgegriffen. Die außergewöhnliche Vielseitigkeit hat bei Meri nichts mit Oberflächlichkeit zu tun. Er ist ein überaus gebildeter Mann, der sich in nahezu allen Politikbereichen auskennt und Latein als Lieblingssprache angibt. Nebenbei wurde er auch noch Vorsitzender des estnischen Schriftstellerverbandes und Gründer eines Instituts für Außenpolitik.

Dem politischen Alltag wandte er sich erst 1990 zu, als ihn Ministerpräsident Savisaar zum Außenminister des noch nicht anerkannten Staates ernannte. In dieser Funktion leistete er einen wichtigen Beitrag auf dem Weg zur Unabhängigkeit. Sieben Monate nach dem Erreichen des Ziels trat er überraschend von seinem Amt zurück und wurde Botschafter im benachbarten Finnland. Ob er damit in Ruhe seine Kandidatur für die Präsidentschaft vorbereiten wollte, bleibt offen. Jedenfalls stand er im September bei den ersten freien Wahlen als Kandidat des konservativen Parteienspektrums zur Verfügung. Im zweiten Wahlgang setzte er sich gegen den populären Wende-Kommunisten Arnold Rüütel durch. Knapper noch war seine Wiederwahl 1996, die erst im fünften Wahlgang entschieden wurde.

Meri ist estnischer Patriot und Kosmopolit, glühender Verfechter demokratischer Prinzipien und eigensinniger Dickkopf in politischen Entscheidungen. Nur eines ist er nicht: ein Populist, der danach trachtet, es allen recht zu machen. 1999 wurde ihm in Paris der Titel „Europäer des Jahres" verliehen.

Hans Dietrich Genscher und Lennart Meri
in Tallinn am 25. August 1991

mit dem Namen „Linke Chance" erhielt nicht einmal einen Sitz. Von den 20 im Parlament vertretenen Parteien unterstützten die meisten den Wahlverband *Isamaa* (Vaterland), der dem parteilosen Meri nahestand. So wurde der konservative, unabhängige Intellektuelle vom Parlament im Oktober 1992 zum Präsidenten

Die jüngste Regierung

Die von *Isamaa* geführte Regierung war eine der jüngsten in der europäischen Geschichte. Premierminister Mart Laar zählte 32 Jahre, Innenminister Heiki Arike 28 und Außenminister Juri Luik gar nur 26 Jahre. Die Mischung aus jung-dynamischem Pioniergeist und konservativer Gesinnung kam bei den Menschen zunächst sehr gut an. In Laars Amtszeit fiel auch die Konsolidierung der estnischen Wirtschaft. Im Laufe der Zeit zeigte sich jedoch, daß den jungen Männern die Erfahrung im Spiel um die Macht fehlte. Laar verlor trotz seiner Erfolge den Rückhalt in der eigenen Partei und wurde am 26. September 1994 gestürzt. Auslöser war ein Finanzskandal. Von dem Rückschlag erholte er sich jedoch schnell, denn nach den Wahlen vom März 1999 wurde er erneut Ministerpräsident einer Koalitionsregierung.

gewählt. Ähnlich wie in Frankreich nimmt der Präsident eine wichtige Machtposition ein. Seitdem wird das Parlament turnusgemäß alle vier Jahre und der Präsident alle fünf Jahre gewählt.

Truppenabzug und Militarisierung

Bei den Verhandlungen über den Abzug der Roten Armee verzeichnete die neue Regierung einen raschen Erfolg. Damals unterhielt der russische Präsident Boris Jelzin noch gute Kontakte zu den baltischen Staaten und fühlte sich internationalen Rechtsnormen verpflichtet. In 17 Verhandlungsrunden einigten sich beide Parteien schließlich darauf, daß die letzten russischen Truppen bis zum 31. August 1994 Estland verlassen sollten. Der Abzug ging planmäßig vonstatten. 1992 waren noch 16000 Soldaten übriggeblieben und zu Beginn des Stichjahres nur noch 2600. Sie bewachten vor allem Munitionsdepots. Vorübergehend drohte Rußland, den Stichtag nicht einzuhalten, da die soziale Absicherung von 11000 in Estland entlassenen Soldaten nicht gewährleistet sei. Außerdem forderte Moskau 30 Millionen US $ für den Bau von Wohnungen der abgezogenen Armeeangehörigen. Da sich die estnische Wirtschaft damals noch nicht erholt hatte, war das Land auf fremde Hilfe angewiesen, doch allein die USA stellten einen nennenswerten Betrag zur Verfügung. Letztlich wurde der Zeitplan des Truppenabzugs eingehalten, und die letzten Soldaten der ehemals Roten Armee verließen zum vereinbarten Zeitpunkt das Land. Nur im Hafen Paldiski, wo die Sowjets Atom-U-Boote stationiert hatten, blieben die russischen Truppen bis September 1995. Anschließend wurden die zwei Reaktoren demontiert.

Allerdings ließ es sich Rußland nicht nehmen, seine Truppen an der estnischen Grenze erheblich aufzustocken – und das in ausdrücklicher Absprache mit den USA. Moskau und Washington hatten nämlich ein Abkommen über konventionelle Streitkräfte in Europa abgeschlossen, bei dem es insgesamt um eine Reduzierung ging. Um Rußland jedoch entgegenzukommen, akzeptierten die USA, daß Moskau an seiner Süd- und Nordflanke die Truppen verstärken durfte. Betroffen davon war unter anderem das Gebiet um Pskow unmittelbar an der estnischen Südostgrenze.

Auch im Grenzstreit um die 2322 km^2 Land, die im Friedensvertrag von Tartu 1920 von der Sowjetunion als Teil Estlands anerkannt, 1945 jedoch der Russischen Sowjetrepublik zugeschlagen worden waren, konnte eine Einigung nur erzielt werden, weil Estland nachgab. Nicht zuletzt aufgrund von sanftem Druck aus Skandinavien und Westeuropa erklärte die estnische Regierung im Dezember 1994, sie beharre nicht mehr auf dem Grenzverlauf von 1920. Im November 1996 wurde ein entsprechendes Abkommen formell unterzeichnet. In dieser Frage nahm Boris Jelzin keine versöhnliche Haltung mehr ein. Bei einem Besuch in den Regionen Narva und Petseri hatte er einen Monat zuvor erklärt, Rußland sei nicht bereit, auch nur einen Zentimeter seines Gebietes abzugeben.

Umstrittene Nationalitätenpolitik

Erheblich schwieriger als der Abzug der Roten Armee war die Frage nach der Perspektive für die gut eine halbe Million slawischer Zivilisten, die nach der Besetzung im Land angesiedelt worden waren. Dabei griff das Parlament zunächst auf die Geschichte zurück. Im Februar 1992 setzte es das Staatsbürgergesetz von 1938 wieder in Kraft, demzufolge Nicht-Esten nach Ablauf eines Jahres bei entsprechenden Sprachkenntnissen einen Antrag auf Einbürgerung stellen konnten. Die alte Verordnung wurde den neuen Anforderungen jedoch nicht umfassend gerecht. Deshalb bereitete das Parlament ein neues Ausländergesetz vor, das am 21. Juni 1993 mit nur drei Gegenstimmen verabschiedet wurde. Danach haben alle Personen, die vor der sowjetischen Besetzung estnische Staatsbürger waren, sowie deren Nachkommen, unabhängig von ihrer Nationalität automatisch ein Recht auf Einbürgerung. Alle, die nach 1940 angesiedelt wurden, müssen dafür gewisse Voraussetzungen erfüllen: mindestens zwei Jahre legaler Aufenthalt im Land ab der Unabhängigkeit, Nachweis von Sprachkenntnissen in einem Umfang von 1500 Worten sowie ein Treueeid auf die estnische Republik. Ausdrücklich ausgeschlossen von der Staatsbürgerschaft sind Mitarbeiter des Geheimdienstes KGB. Außerdem sollte in den Schulen nach einer Übergangszeit von zehn Jahren ab der 9. Klasse Estnisch die Unterrichtssprache sein.

Marju Lauristin

Zwar nehmen Frauen in der estnischen Gesellschaft und Öffentlichkeit einen wichtigen Platz ein, doch gelingt es nur wenigen, bis in die Führungsspitze vorzudringen. Zu ihnen gehört Marju Lauristin. An ihrer Herkunft kann es nur bedingt liegen, denn die ist heute eher ein Hindernis. 1940 wurde sie als Tochter der Kommunisten Olga und Johannes Lauristin geboren. Beide gehörten 1919/20 zu denen, die Estland sowjetisch machen wollten. Dafür saßen sie bis 1938 im Gefängnis – was übrigens ihr Leben rettete, denn die estnischen Genossen, die nach Moskau geflohen waren, fielen in den 30er Jahren stalinistischen Säuberungen zum Opfer. Im Jahr von Marjus Geburt wurde ihr Vater der erste Regierungschef der Sowjetrepublik Estland. Vor dem Einmarsch der Deutschen floh die Familie nach Moskau, doch kam Johannes Lauristin dabei ums Leben. Mutter und Tochter kehrten 1944 mit der Roten Armee zurück, und Olga Lauristin wurde Sozialministerin der neuen Sowjetrepublik. Das bewahrte ihren neuen Mann nicht davor, schon bald nach der Heirat vom Geheimdienst liquidiert zu werden. 1958 ging Marju zum Literaturstudium an die Universität Tartu, wechselte aber bald an die philologische Fakultät mit dem Schwerpunkt Journalistik. Dabei entdeckte sie ihr Interesse an der Soziologie, ein Fach, dem in den 60er Jahren in der UdSSR vermehrt Aufmerksamkeit zukam. Gesellschaftliche Prozesse interessierten sie mehr als die Politik, von der sie nie Gutes erfahren hatte. Sie schrieb ihre Diplomarbeit in Soziologie und promovierte zum Thema „Methodologie der Inhaltsanalyse der Presse". Schließlich erhielt sie einen Lehrstuhl für Journalistik an der Universität Tartu. Ohne große Begeisterung trat sie auch der KPdSU bei.

Als Mitte der 80er Jahre die nationale Emanzipationsbewegung erwachte und rasch Zulauf erhielt, war Marju Lauristin dabei. Ihr war endgültig klar, daß die Lehre, an die noch ihre Eltern geglaubt hatten, den Menschen nicht diente. Ihre Ehrlichkeit, ihr Engagement, ihre

Wem die Hürden für die Staatsbürgerschaft zu hoch erschienen, der konnte entweder ein permanentes Aufenthaltsrecht beantragen oder mußte das Land innerhalb eines Jahres verlassen. Arbeitslosen Nicht-Esten sollte die Möglichkeit des dauerhaften Aufenthaltes jedoch nicht offenstehen. Personen mit diesem Recht sollten nach fünf Jahren bei Kommunalwahlen ein aktives, aber kein passives Wahlrecht erhalten.

Das große Problem für die einbürgerungswilligen Russen und sonstigen Slawen waren die Sprachkenntnisse. In der sowjeti-

Redegewandtheit und ihr Organisationstalent ließen sie schnell das Vertrauen vieler Menschen gewinnen, die dem Kommunismus fernstanden. Als Ausdruck der Bewunderung erhielt sie den Beinamen „Mutter der Volksfront". Tatsächlich verband sie große menschliche Wärme mit ebensogroßer Intellektualität. Und sie wurde eine überzeugende Vermittlerin zwischen der alten und der heraufziehenden neuen Gesellschaft.
Zunächst ging es ihr nicht nur um die nationale Befreiung. Alle Völker und Menschen im sowjetischen Machtbereich sollten die unerträglichen Bedingungen, unter denen sie lebten, abschütteln. Für diese Vision scheute sie keine Auseinandersetzung. Als estnische Vertreterin im „Obersten Rat" (dem Parlament) in Moskau eilte sie häufig vor allen anderen zum Podium, um Michael Gorbatschow heftige Wortgefechte zu liefern. Das machte sie über die Sowjetunion hinaus bekannt. 1989 wählte das amerikanische Nachrichtenmagazin Newsweek sie zur „Politikerin des Jahres".
Schließlich brach sie endgültig mit der kommunistischen Tradition. Im Januar 1990 erklärte sie ihren Austritt aus der Partei und gründete die Estnische Sozialdemokratische Unabhängigkeitspartei, deren Vorsitzende sie zeitweilig war. Marju Lauristin hatte Abschied von der Idee genommen, die Sowjetunion zu reformieren; sie sah für ihr Land dort keine Zukunft mehr. Als Vizepräsidentin des Obersten Rates in Tallinn trug sie maßgeblich zur Wiedererlangung der Unabhängigkeit bei. Angesichts der Bedrohung durch den Putsch in Moskau vom August 1991 wählten die Abgeordneten sie aus, sich auf eine Flucht und den Aufbau einer Exilregierung vorzubereiten. 1992 wurde sie Sozialministerin der Regierung Mart Laar. Am 20. September 1994 trat sie im Zuge einer Regierungskrise zurück und nahm ihre Tätigkeit an der Universität Tartu wieder auf. Für eine Frau mit ihren Visionen war der politische Alltag eher abschreckend. Aus erster Ehe hat Marju Lauristin zwei Töchter.

schen Zeit hielt es kaum jemand für nötig, sich auch nur Minimalkenntnisse im Estnischen anzueignen. Viele kamen mit einer – von Moskau durchaus geförderten – Haltung, die Verachtung und Ignoranz gegenüber den Einheimischen offenbarte. Eine kleine persönliche Episode von meiner ersten Tallinn-Reise beleuchtet dies. Ich traf den Philosophen und Herausgeber der „Estnischen Enzyklopädie", Ülo Kaevats, zu einem Interview, begrüßte ihn mit *tere* (guten Tag) und erklärte ihm gleich, daß mein Estnisch damit leider schon erschöpft sei. Darauf antwortete er ganz ohne Ironie, immerhin könne ich schon mehr als mancher, der seit 40 Jahren in Tallinn lebt.

Diese Klippe bei der Erlangung der Staatsbürgerschaft stieß in Rußland auf heftige Kritik. Präsident Jelzin sprach von „Apartheid", und Außenminister Andrej Kosyrew verstieg sich sogar zu der Behauptung, Estland betreibe ethnische Säuberungen. Ähnlich äußerte sich der angesehene Bürgermeister von St. Petersburg, Anatoli Sobtschak. Doch nicht nur in Moskau, auch in Westeuropa gab es Kritik am estnischen Vorgehen. Der Europarat und die KSZE (heute OSZE) äußerten Bedenken gegen manche Passagen. Die Kritik löste im Land selbst Unverständnis, ja Verbitterung aus. Die Sozialministerin Marju Lauristin sprach für viele, als sie mir im April 1993 in einem Interview erklärte: „Wenn wir hier in Estland unsere Besucher aus dem Westen empfangen, dann sind sie immer sehr interessiert am Schicksal der russischsprachigen Bevölkerung. Wenn sie vor fünf Jahren bei Besuchen in Moskau am Schicksal der nicht-russischsprachigen Bevölkerung ebenso interessiert gewesen wären, könnten wir verstehen, daß es um grundsätzliche demokratische Positionen geht. Dem war jedoch nicht so. Ich erinnere mich noch gut an meine ersten Reisen in den Westen, als wir noch zur Sowjetunion gehörten. Damals gab es niemanden, oder fast niemanden, der sich für die Menschenrechte der nicht-russischen Völker interessiert hat. Alle sprachen nur von Gorbatschow und wie man ihm helfen könne, daß die Sowjetunion zusammenbleibt. Offen gesagt, wir sehen in dieser Haltung ein Beispiel von Heuchelei. Das ist nicht ehrlich, und wir haben den Eindruck, Vertreter aus dem Westen fordern von uns, die wir erst seit kurzem unabhängig und arm sind, viel mehr als von sich selbst.

Wir hier in Estland haben nicht solch häßliche Demonstrationen wie Sie in Deutschland. Noch niemand wurde geschlagen oder getötet, weil er kein Este ist wie bei Ihnen, und keine Demonstranten fordern, alle Nicht-Esten rauszuwerfen wie bei Ihnen. Unsere Jugendlichen werfen keine Steine auf Leute, die nicht Esten sind. Also müssen wir Sie fragen, was eigentlich bei Ihnen passiert, die Sie noch dazu viel Geld haben – im Gegensatz zu uns. Ich habe versucht, westlichen Politikern zu erklären, daß sie angesichts der fünfzigjährigen Besetzung eine enorme Geduld von uns verlangt haben, diesen friedlichen Weg zu gehen und die

Stabilität nicht zu gefährden. Meine Freunde in Norwegen und Dänemark habe ich gefragt, wie sie sich wohl nach fünfzigjähriger deutscher Besetzung fühlen würden; wenn Deutschland und nicht Rußland den Krieg gewonnen hätte. Sie konnten es mir nicht sagen. Oder ich habe Menschen in Frankreich gefragt, was sie machen würden, wenn in Paris 55% Deutsche lebten, die von ihnen verlangten, deutsch zu sprechen? Würden sie nicht fordern, daß die Deutschen Französisch lernen? Also fragen Sie sich, warum sie von uns so viel mehr verlangen als von sich selbst?"

Estnischer Pragmatismus

Tatsächlich war die Kritik an Estlands Minderheitenpolitik überzogen und möglicherweise Teil einer gezielten Kampagne, mit der die Russen auf den Verlust ihrer Privilegien reagierten. Doch es gibt auch Russen, die nicht einem großrussischen Reich nachtrauern und die Unabhängigkeit des Landes unterstützt haben. Sie lassen den Hinweis darauf, daß Einwanderer in Deutschland nur davon träumen können, nach zwei Jahren legalen Aufenthaltes ein Anrecht auf die Staatsbürgerschaft zu haben, nicht gelten. So meint zum Beispiel der Übersetzer Alexej Semjonow, der mit der estnischen Sprache und Kultur gut vertraut ist: „Das kann man nicht vergleichen. Wer als Ausländer in die Bundesrepublik kommt, ist sich vorher über seinen Status bewußt und akzeptiert die Spielregeln. Hier sind die Menschen als vollberechtigte Staatsbürger angekommen und waren dann, nach der Unabhängigkeit Estlands, plötzlich Ausländer. Dies ist eine Art von legalem Denken, das den Versailler Prinzipien aus den zwanziger Jahren nahesteht."

Die meisten Proteste gegen das Ausländergesetz gab es in den nordöstlichen Industriezentren Narva, Sillamäe und Kohtla-Järve, wo die Russen über 90% der Bevölkerung stellen. Noch lange nach der Unabhängigkeit besetzten dort alte KP-Funktionäre wichtige Positionen im öffentlichen Leben. Ihr Zorn richtete sich vor allem gegen das Wahlgesetz, das das passive Wahlrecht nur Staatsbürgern gewährt, wodurch ihre eigenen Positionen zur Disposition standen. Im Juli 1993 organisierten sie ein Referendum über die Errichtung eines „autonomen territorialen Gebietes im Rahmen der Republik Estland". Bei einer Wahlbeteiligung von 55 bis 60% stimmten in Sillamäe 98,6% und in Narva 97% für den Vorschlag, der jedoch erwartungsgemäß einen Monat später vom Obersten Gericht verworfen wurde.

Dennoch blieben die Proteste nicht ohne Wirkung, und es spricht für den estnischen Pragmatismus, daß sich die Verantwortlichen auf eine erneute Diskussion einließen, obwohl das Gesetz von nahezu allen politischen Gruppierungen mitgetragen worden war. Präsident Meri selbst verweigerte die Unterschrift unter den neuen Entwurf und leitete ihn zur Prüfung an die KSZE weiter. Diese unterbreitete noch einige kleinere Änderungsvorschläge, doch im Kern blieb der Gesetzentwurf bestehen. So wurde die Ausweisung arbeitsloser Nicht-Esten erschwert. Auch über die Zukunft von etwa 10 000 russischen Armeepensionären erzielte man schließlich eine Einigung. Sie erhielten das Recht, eine Aufenthaltsgenehmigung zu beantragen, die individuell von einer Regierungskommission geprüft wird. Personen, die eine „Bedrohung für Estlands Sicherheit“ darstellen, kann es verweigert werden.

Das am Ende verabschiedete Gesetz wurde vom Europarat und der KSZE als vorbildlich gelobt. Damit stand der Aufnahme Estlands in den Europarat im Mai 1993 nichts mehr im Wege. Selbst in Rußland wurden die Proteste leiser, auch wenn sie nie ganz aufgehört haben.

Im September 1997 veröffentlichte das Entwicklungsprogramm der Vereinten Nationen (UNDP) eine Studie über die Integration der nicht-estnischsprachigen Bevölkerung. Darin wird den Behörden attestiert, daß ihre Bemühungen um eine Integration intensiv und effektiv, aber bisweilen unkoordiniert sind. Über die betroffenen Personen heißt es, die überwältigende Mehrheit von ihnen habe inzwischen die Notwendigkeit eingesehen, die estnische Sprache zu erlernen.

Häufig wurde bei der Kritik an der Ausländerpolitik übersehen, daß den kleinen Minderheiten besondere Möglichkeiten zur Verfügung gestellt wurden, ihre nationale Identität zu bewahren. Juden, Ingermannländer, Polen, Rumänen, Tartaren oder Schweden verfügen über zahlreiche Kultureinrichtungen und Möglichkeiten zum muttersprachlichen Unterricht, die von der Regierung unterstützt werden.

Am 17. Oktober 1993 konnte erstmals eine größere Zahl von Nicht-Staatsbürgern an einer politischen Entscheidung teilnehmen. Für die ersten Kommunalwahlen im Lande hatten sich

Tabelle 2: Die 36 bevölkerungsreichsten Volksgruppen nach der letzten Zählung 1989. Insgesamt wurden 121 ethnische Gruppen registriert

Nationalität	*Anzahl*	*Muttersprache als 1. Sprache*	*Muttersprache als 2. Sprache*	*Estnisch als Muttersprache*	*Estnisch als 2. Sprache*
Esten	963,281	953,032	6,079	953,032	6,079
Russen	474,834	468,216	5,387	6,198	65,010
Ukrainer	48,271	21,320	8,933	594	3,324
Weißrussen	27,711	8,841	4,703	195	1,697
Finnen	16,622	5,155	–	6,774	5,540
Juden	4,613	570	108	389	1,202
Tartaren	4,058	2,248	456	47	256
Deutsche	3,466	1,249	–	251	509
Letten	3,135	1,794	442	418	675
Polen	3,008	601	–	250	397
Litauer	2,568	1,610	252	168	324
Armenier	1,669	837	170	50	141
Aserbaidschaner	1,238	869	79	18	48
Moldavier	1,215	663	146	18	61
Tschuwaschen	1,178	563	161	13	65
Mordwiner	985	367	134	13	66
Karelier	881	262	129	36	120
Roma	665	465	38	68	175
Georgier	606	325	47	19	61
Usbeken	595	436	40	7	13
Kasachen	424	313	20	1	12
Udmuren	413	153	47	4	16
Baschkiren	317	186	40	4	11
Maren	359	182	39	3	22
Ishorier	306	74	31	65	70
Schweden	297	32	–	250	–
Bulgaren	262	85	–	6	22
Ungarn	241	150	–	19	46
Koreaner	202	30	–	1	15
Osseten	201	85	19	7	14
Komi	196	66	35	6	12
Griechen	182	28	–	7	13
Lesgier	178	124	9	–	3
Tadschiken	113	66	7	5	8
Turkmenen	106	79	6	2	4
Rumänen	88	37	–	4	4

Quelle: The Estonian Institute, Tallinn

Tabelle 3: Die Entwicklung der Bevölkerungsverteilung der nicht-estnischen Bevölkerung bis 1994 auf der Basis einer soziologischen Schätzung

	Zensus *1934*	*1989*	*Soziologische Schätzung*	*Estnische Staatsbürger*
Russen	92656	474834	435800	91500
Ukrainer	92	48271	41800	8750
Weißrussen	1922	27711	24900	5200
Finnen	4434	16622	16000	5450
Juden	166	4613	3500	1300
Tartaren	6346	4058	3900	1300
Deutsche	5436	3466	1600	550
Letten	1608	3135	3000	1000
Polen	253	3008	2900	1000
Litauer	7641	2568	2500	850
Schweden	–	400	350	100
Gesamt	130462	588686	536250	117000
Nicht-Esten	12%	38%	35%	ca. 8%

Quelle: The Estonian Institute, Tallinn

170685 Männer und Frauen ohne estnische Staaatsbürgerschaft registrieren lassen. Sie stellten immerhin 20% der Wahlberechtigten. In Tallinn erreichten die russischen Listen dadurch stolze 27 von 64 Sitzen im Stadtparlament.

Bezeichnenderweise haben nur etwa 60000 Russen seit der Unabhängigkeit das Land verlassen. Die Mehrheit möchte in Estland bleiben, was gewiß auch wirtschaftliche Gründe hat. Auf der anderen Seite besitzen etwa 100000 Russen, Ukrainer und Weißrussen die estnische Staatsbürgerschaft, drei Viertel von ihnen auf der Grundlage des neuen Ausländergesetzes, der Rest, weil bereits die Vorfahren in Estland gelebt hatten.

Bei der Wahl vom 5. März 1995 gelangten zum ersten Mal russisch-stämmige Abgeordnete ins Parlament. Ihr Dachverband „Unser Heim ist Estland“ gewann die Stimmen der meisten wahlberechtigten Nicht-Esten und errang 6 der 101 Sitze. Damit lag er gleichauf mit der zuvor regierenden Vaterlandspartei *Isamaa*, die eine vernichtende Niederlage einstecken mußte. Arnold Rüütel und sein Koalitionspartner Tiit Vähi, ebenfalls ein früherer KP-Funktionär, waren hingegen die Sieger.

Die neue Regierung unter Tiit Vähi ging denn auch mit dem Ausländergesetz großzügig um. Zwei Jahre nach dessen Inkrafttreten sollten diejenigen ausgewiesen werden, die weder die Staatsbürgerschaft noch eine permanente Aufenthaltsgenehmigung beantragt hatten. Neben den 100000 Staatsbürgern nichtestnischer Herkunft hatte sich die Mehrheit von etwa 270000 Russen für die permanente Aufenthaltsgenehmigung entschieden. Es blieben jedoch 130000 Personen, die per Gesetz illegal im Lande waren. Ihnen gewährte die Regierung einen Aufschub von zwölf Monaten, um ihren Status zu legalisieren. 87000 nutzten denn auch die Gelegenheit der Fristverlängerung. Ende 1997 schätzten die Behörden die Zahl der illegal im Land lebenden Menschen noch auf 30000. Bei der Wahl 1999 spielte die Frage der Staatsbürgerschaft keine bedeutende Rolle mehr.

Skandale und Probleme

Im Oktober 1995 erschütterte ein innenpolitischer Skandal das Land. Enthüllungen brachten eine Abhöraffäre an den Tag, in deren Mittelpunkt der Innenminister und stellvertretende Ministerpräsident Edgar Savisaar stand, zweifellos eine der wandlungsfähigsten Personen der estnischen Politik. Wie Rüütel war er zunächst KP-Funktionär, engagierte sich dann jedoch in der Volksfront für die Unabhängigkeit und wurde Ministerpräsident in der Übergangszeit. Dabei gelang es ihm nie, sich von dem Verdacht freizumachen, noch immer engere Kontakte als nötig mit Moskau zu unterhalten. Angeblich habe er sogar als Moskaus Mann zur Verfügung gestanden, wenn der Putsch vom 19. August 1991 erfolgreich verlaufen und die Unabhängigkeitsbewegung zerschlagen worden wäre, doch dafür gibt es keine Beweise.

Nicht der Gerüchteküche, sondern sichergestellten Tonbandunterlagen entstammten die Vorwürfe, daß Savisaar nach der letzten Parlamentswahl gezielt Telefonate von anderen Politikern abgehört hätte, um sie bei den Koalitionsverhandlungen mit dem designierten Ministerpräsidenten Vähi einzusetzen. Tatsächlich war die Ernennung Savisaars zum Innenminister eine große Überraschung. Als Ministerpräsident Vähi seinen Kandidaten ungeachtet der Beweislast vehement verteidigte, machten erneut Gerüchte die Runde, wonach Savisaar seinen Vorgesetzten erpresse. Savisaar war nämlich für die Abwicklung des KGB in Estland zuständig gewesen und hatte dadurch Zugang zu vielen persönlichen Akten erhalten, die der Öffentlichkeit verborgen waren. Am Ende mußten Vähi und Savisaar gemeinsam aufgrund des Drucks von Präsident Meri zurücktreten. Ein parlamentarischer Untersuchungsausschuß sprach den ehemaligen Innenminister zwar von dem Vorwurf frei, Geheimgespräche aufgezeichnet zu haben. Er habe jedoch menschlich versagt, weil er die Gesprächspartner nicht über die Aufzeichnungen informiert habe. Savisaar ist als Abgeordneter noch immer im politischen Geschäft, während Vähi inzwischen eine Stelle in der Wirtschaft angetreten hat.

Die unvemeidlichen Startprobleme nach einem halben Jahrhundert unter totalitärer Herrschaft betrafen auch Bereiche wie Militär und Kirchen. Das Schicksal der baltischen Soldaten in der Roten Armee war immer besonders hart. Da Moskau ihrer Loyalität nie getraut hatte, unterlagen sie besonderen Repressionen. Sie wurden vorzugsweise in den zentralasiatischen Republiken eingesetzt und auf alle erdenklichen Arten schikaniert und gedemütigt. Manche überlebten die Armeezeit nicht. Deshalb versuchte die demokratische Regierung Estlands, auch in den Kasernen einen neuen Geist einziehen zu lassen. Da die Esten dafür nicht auf eigene Erfahrungen zurückgreifen konnten, entschieden sie sich für einen Mann, der als zwölfjähriger mit seiner Mutter 1944 vor der Roten Armee über Deutschland in die USA geflohen war: Aleksander Einseln. In seiner neuen Heimat war er Berufsoffizier geworden und hatte es bis zum Oberst im Stab des Washingtoner Verteidigungsministerium gebracht. Er war damit der weltweit ranghöchste Soldat estnischer Abstammung. Nach 35 Dienstjahren erfolgte 1985 seine Pensionierung. In ihm sah Präsident Meri den geeigneten Kandidaten für den Aufbau einer Armee nach westeuropäischem Maßstab. Zudem erhoffte er sich von ihm Unterstützung bei den Bemühungen, Mitglied der NATO zu werden. Das Außenministerium in Washington legte jedoch Einspruch gegen die Pläne ein, da ein amerikanischer Soldat nicht in einer anderen Armee dienen darf. Durch die persönliche Intervention Meris bei US-Präsident Bill Clinton erhielt Einseln schließlich 1993 eine Ausnahmeerlaubnis und übernahm den Oberbefehl über die 3450 Mann starke estnische Truppe.

Der Offizier erkannte schnell, wie lebendig die alten korrupten Strukturen und wie weitverbreitet Alkohol, Disziplinlosigkeit und Gewalt gegen Untergebene noch waren. Er scheiterte aber an der Aufgabe, diese Mißstände zu beseitigen. Stattdessen mischte er sich sehr zum Unwillen des Präsidenten in politische Auseinandersetzungen ein. Im Dezember 1995 wurde er deshalb entlassen und im Juni 1997 sogar unter dem Vorwurf vor Gericht gestellt, er habe die illegale Einfuhr von 1000 Pistolen aus Finnland nicht angezeigt. Viele sahen in der Anklageerhebung jedoch einen Racheakt, und so verlief der Prozeß im Sande. Einseln hat indes offenbar Gefallen am Leben in Estland gefunden. Er ist dort geblieben und versucht sich unbeschwert von militärischen Verpflichtungen politisch zu betätigen. Seine Nachfolger bekennen sich weiter zur Reformierung der Streitkräfte, die sich zu drei Vierteln aus Wehrpflichtigen rekrutieren.

Griechische oder russische Orthodoxie?

Der Kirchenstreit geht auf die Zeit nach dem Ersten Weltkrieg zurück und betrifft Auseinandersetzungen zwischen den orthodoxen Kirchen. Etwa 40000 Esten und 250000 Russen gehören heute der orthodoxen Kirche an. 1923 hatte sich die Estnisch-Apostolische Orthodoxe Kirche von der Russisch-Orthodoxen getrennt und sich dem Ökumenischen Patriarchat von Konstantinopel unterstellt. 1940 flohen ihre Vertreter vor der russischen Besetzung nach Schweden; erst 1991 kehrte sie als Institution aus dem Exil zurück. Unterdessen hatte die Sowjetunion die orthodoxen Christen in Estland dem russisch-orthodoxen Patriarchat von Moskau unterstellt. Dieser Beschluß wurde nach Wiedererlangung der Unabhängigkeit vom Verwaltungsgerichtshof aufgehoben. Er erkannte die aus dem Exil heimgekehrte Kirche als Rechtsnachfolgerin der estnischen Orthodoxie an, was angesichts der kirchlichen Besitztümer weitreichende wirtschaftliche Folgen hatte. Der Patriarch von Konstantinopel, Bartholomaios I., kam dem Wunsch der ehemaligen Exilkirche nach und stellte sie unter seine Jurisdiktion. Das führte zu heftigen Protesten des Moskauer Patriarchen Alexi II., der zwischenzeitlich die Beziehungen mit Konstantinopel abbrach. Aber auch viele Russen im Land waren über diese Entscheidung empört und vermuteten dahinter politische Motive. Auf Vermittlung des Weltkirchenrates wurde schließlich in Helsinki ein Kompromiß gefunden, wonach jede orthodoxe Gemeinde selbst entscheiden kann, ob sie sich dem Patriarchat von Konstantinopel oder dem von Moskau unterstellen will.

Rechtsstaatliche Reformen

Trotz der unvermeidlichen Anfangsschwierigkeiten hat sich die politische Führung wie auch die Bevölkerung nicht davon abbringen lassen, den Weg zu einem demokratischen und pluralistischen Staat weiterzugehen, in dem die Wahrung der Menschenrechte eine Selbstverständlichkeit ist. Ein wichtiger Schritt auf diesem Weg war die endgültige Abschaffung der Todesstrafe im April 1998. Seit 1989 war die Todesstrafe zunächst noch für vorsätzlichen Mord, Terrorismus und Attentate vorgesehen. Von fünf verhängten Strafen wurde eine vollstreckt. Das änderte sich, als das Parlament am 5. Oktober 1992 entschied, daß nicht mehr der Oberste Gerichtshof, sondern der Präsident die letzte Gnadeninstanz sein sollte. Lennart Meri ist als entschiedener Gegner der Todesstrafe bekannt. In einem Brief an die Schweizer „Aktion der Christen für die Abschaffung der Folter" schrieb er: „Ich teile die Ansicht, daß die Todesstrafe eine Verletzung des in der Allgemeinen Erklärung der Menschenrechte verankerten Rechts, keiner unmenschlichen Strafe unterworfen zu werden, darstellt." Seit seinem Amtsantritt wurde niemand mehr hingerichtet. Estland war der erste Staat der ehemaligen Sowjetunion, der die Abschaffung der Todesstrafe vollzogen hat.

Dieser Schritt war nicht die einzige Maßnahme, die zu einer größeren Rechtsstaatlichkeit im Land geführt hat. Weit weniger wahrgenommen als die Auseinandersetzungen um das Ausländerrecht war die von der Regierung eingeleitete Reform des gesamten Rechtssystems; denn während der sowjetischen Besetzung war nicht nur das Straf-, sondern auch das Zivilrecht dem totalitären Staatsapparat untergeordnet worden. Rechtsstaatliche Prinzipien wie die Unschuldsvermutung bis zur rechtskräftigen Verurteilung und die Beweispflicht auf seiten der Anklage sind heute selbstverständlich. Bisweilen griffen die Verantwortlichen auf Gesetze aus der Vorkriegszeit zurück, etwa beim Hypothekenrecht. In vielen Bereichen war das jedoch nicht mehr zeitgemäß. So strich das Parlament den Artikel 118 des Strafgesetzbuches, der Homosexualität verbot. Zudem wurde die Möglichkeit eröffnet, neben der allgemeinen Wehrpflicht von zwölf Monaten den Kriegsdienst aus Gewissensgründen zu verweigern. Dazu ist eine Anhörung nötig, die meistens im Sinne der Betroffenen ausgeht. Eine weitere Neuerung ist ein Gesetz, das unter bestimmten Bedingungen einen Volksentscheid zuläßt.

Ohne Erfolg blieb der Versuch, die Prostitution zu legalisieren. Das Rotlicht-Gewerbe zählte früh zu den Branchen mit den größten Wachstumsraten, weil vor allem Männern aus Nord- und Westeuropa für relativ wenig Geld ein umfassender „Service" geboten wird. Von den umgesetzten Geldmengen sieht der Staat nicht viel, obwohl er dringend Devisen benötigt. Also entwarf eine überparteiliche Gruppe von Abgeordneten einen Entwurf, der Prostitution von Erwachsenen für legal erklären und den Staat, wie in anderen Gewerbezweigen, an den Gewinnen teilhaben lassen sollte. Dieser Vorstoß rief einen Sturm der Entrüstung hervor; im Land selbst bei Kirchen und konservativen Politikern, die eine Gefahr für die öffentliche Moral wähnten, noch mehr aber in Schweden und Finnland, wo die Behörden befürchteten, damit würde aus Tallinn ein nordeuropäisches Bangkok. Die beteiligten Parteien zogen den Entwurf deshalb schnell zurück.

Mit Disziplin und Beharrlichkeit zum wirtschaftlichen Erfolg

Die Konsolidierung der durch die sowjetische Besetzung zerrütteten Wirtschaft auf ein Niveau, das Estland EU-tauglich macht, zählt zweifellos zu den größten Leistungen des jungen Staates. Solange das Land noch Teil der Sowjetunion war, konnte es sich der allgemeinen Misere nicht entziehen. Der Vize-Innenminister der ersten freien Regierung, Oleg Kangur, brachte die Schwierigkeiten einmal auf den Punkt: „Man kann nicht in einem Topf an einigen Stellen die Suppe heißer kochen als an den anderen."

So war auch in Estland die wirtschaftliche Situation höchstens lauwarm, und die Gründe dafür lagen in Moskau: Die Zwangskollektivierung der Landwirtschaft, die rücksichtslose Industrialisierung mit der Ansiedlung hunderttausender russischer Arbeiter, der Aufbau staatseigener „All-Union-Betriebe" und Kolchosen, deren Führungskräfte die richtige Gesinnung statt fachlicher Qualifikation aufweisen mußten, sowie ein Lohnsystem, das Ausbildung und Leistung regelrecht bestrafte, sorgten für einen allmählich Wandel von einem – für europäische Vorkriegsverhältnisse – relativ wohlhabenden Staat zu einer Mangelgesellschaft. Die Esten haben nie vergessen, daß ihr Lebensstandard vor dem Zweiten Weltkrieg den finnischen übertraf und etwa mit dem dänischen vergleichbar war. Damals kamen sogar finnische Gastarbeiter zur Arbeitssuche nach Estland. Unter den einheimischen Produkten konnten sich vor allem die der Textilindustrie auf dem europäischen Markt behaupten.

Die aus Moskau vorgegebenen Maßnahmen bedingten eine sinkende Arbeitsmoral und damit einen Verfall der Effektivität. Verantwortungsbewußtsein und Motivation gingen systematisch verloren. Viele nahmen das Schlagwort von den „volkseigenen Betrieben" sogar allzuwörtlich und entwendeten Werkzeuge, selbst wenn die Produktion darunter noch mehr litt. Auch in der Landwirtschaft, die während der ersten Unabhängigkeit nicht nur den Eigenbedarf sicherstellen, sondern Exportüberschüsse erzielen konnte, die zu 90% nach West- und Nordeuropa gingen, machte sich diese Arbeitsmoral breit.

Darüber hinaus behinderte die Produktion nach Plan statt nach Bedarf und Marktanforderung die Wirtschaftsentwicklung. Zu den Besonderheiten des Sowjetsystems bis zur Ära Gorbatschow gehörte zweifellos die bemerkenswerte Diskrepanz zwischen den staatlichen Verlautbarungen und den Alltagserfahrungen der Menschen. So regelmäßig wie die Versorgungslage von Jahr zu Jahr schlechter wurde, verkündeten die staatlichen Medien neue Rekorde bei der Erfüllung der Pläne. Das war nicht nur durchsichtige Propaganda. Etwas mehr Mühe haben sich die Planer schon gegeben. Wenn nämlich abzusehen war, daß die ursprünglichen Vorgaben wieder einmal nicht annähernd erfüllt werden konnten, änderten sie heimlich die alten Zahlen und schraubten die Ansprüche so niedrig, daß sie erreicht werden mußten. Feierten die Medien dann die Erfüllung des Plans, war das nicht direkt gelogen – den Menschen wurde nur vorenthalten, wie weit die Vorgaben heruntergesetzt worden waren.

Die allgemeinen Arbeitsbedingungen verhinderten auch die Entwicklung neuer Technologien. Nur etwa 12% der technischen Verfahren entsprachen am Ende der sowjetischen Besetzung dem osteuropäischen Standard, allenfalls 2% dem westeuropäischen. Techniker, gute Ausbilder und Lehrer wurden durch das sowjetische Lohnsystem besonders diskriminiert. Der spätere Ministerpräsident Tiit Vähi bekannte offen: „Vier Fünftel unserer Industrieproduktion sind komplett nutzlos für jedermann auf der Welt, auch für uns selbst."

Durch den Schwarzmarkt, durch harte Währungen wie Dollar, DM oder Finnmark – sofern die Menschen Kontakte zum westlichen Ausland hatten – sowie durch den Anbau in eigenen Gärten gelang es der Bevölkerung dennoch, sich einen gewissen Lebensstandard abseits der Planwirtschaft zu sichern. Da die Esten jahrzehntelang wenig ausgeben konnten, waren die Sparguthaben relativ hoch. Wann immer es ging, wurde versucht, sie in Hartwährung umzutauschen, denn mit der Sowjetunion verlor auch der Rubel seine Bedeutung. Nachhaltig bekannt ist das Beispiel einer besonders erfolgreichen Landwirtschaftskooperative, die im Laufe der Jahre mehrere Hunderttausend Rubel erwirtschaftet hatte. Um den Überschuß langfristig zu sichern, erwarb sie 1990 auf einer Auktion dafür US-$. Sie scheute sich nicht, den damals weit überhöhten Preis von 27 Rubel für einen Dollar zu zahlen, dürfte das Geschäft aber nicht bereut haben.

Die Währungsreform

So waren die Ausgangsbedingungen für die junge Republik alles andere als günstig. Mit einem Produktionsrückgang von 13% gegenüber dem Vorjahr und einer Inflationsrate von 100% war die Talsohle noch lange nicht erreicht. Eine langfristige Konsolidierung sah die Regierung nur in einem klaren Bekenntnis zur Marktwirtschaft und zur Privatisierung. Zunächst einmal erließ sie drastische Sparmaßnahmen, um den Geldverfall zu stoppen.

Sie stornierte viele öffentliche Ausgaben, etwa für den Wohnungsbau, und erhöhte die Mieten um das fünf- bis sechsfache. Zur sowjetischen Zeit waren die Wohnungen so billig, daß sie allenfalls einen symbolischen Preis hatten. Was wie eine beispielhafte Sozialleistung erschien, behinderte jedoch den Unternehmungsgeist. Viele Wohnungen verfielen, weil sich niemand dafür verantwortlich fühlte. Mit den schmerzhaften Preiserhöhungen versuchte die Regierung, die Privatinitiative anzukurbeln. Orientiert an westlichen Bausparmodellen sollten möglichst viele Menschen zu Eigentümern ihrer Wohnungen werden. Auch die Privatisierung in den Produktionsbereichen lief zunächst langsam an. Knapp ein Jahr nach der Unabhängigkeit waren 20% der Landwirtschaft, 6% der Handels- und Dienstleistungsbetriebe sowie 1% der Industrie in privater Hand. Voraussetzung für eine forcierte Umwandlung war jedoch die Geldwertstabilität. Den entscheidenden Schritt dazu stellte die Wiedereinführung einer eigenen Währung dar, zu der sich Estland eher als jeder andere Nachfolgestaat der Sowjetunion entschloß. Neben den finanzpolitischen Gründen angesichts des schwachen Rubels spielten auch nationalistisch-psychologische Überlegungen bei der Entscheidung eine Rolle. Mit der eigenen Währung wurde die Unabhängigkeit in allen Bereichen unterstrichen, und der Bevölkerung konnten die unvermeidlichen, sozial harten Maßnahmen eher zugemutet werden.

Das große Risiko bestand in einem möglichen Zusammenbruch der Handelsbeziehungen zu den ehemaligen Sowjetrepubliken, die noch immer den größten Teil des estnischen Im- und Exports abdeckten. Das Vorgehen in Tallinn bedeutete auch, daß es keine gemeinsame baltische Währung geben würde, eine Idee, die vor allem von westlichen Finanzexperten immer wieder ins Gespräch gebracht worden war. Die Währungsreform und ihr kaum für möglich gehaltener Erfolg sind eng mit dem Namen Siim Kallas verbunden, dem Chef der Zentralbank, der später auch einen – allerdings nicht ganz so erfolgreichen – Ausflug in die Politik unternahm.

Am 20. Juni 1992 waren die Vorbereitungen so weit, daß der große Umtausch beginnen konnte. Drei Tage hatten alle registrierten Einwohner Estlands Gelegenheit, maximal 1500 Rubel in 150 Kroon (Kronen) umzutauschen; seitdem ist diese Währung das einzig legale Zahlungsmittel. Danach wurde der Wechselkurs auf 50 Rubel für eine Krone festgelegt. Spekulanten aus anderen ehemaligen Sowjetrepubliken sollten leer ausgehen. Im Vorfeld der Umtauschaktion war es zu Panikkäufen gekommen, weil die Menschen versuchten, ihren bald wertlosen Rubel für Waren auszugeben. Leere Regale in den Läden waren die Folge.

Die Zentralbank hatte jedoch Maßnahmen für die Geldwertstabilität getroffen und einen Stabilisierungsfond in Höhe von 120 Millionen US-$ eingerichtet. Er wurde durch die Rückgabe der Goldreserven gedeckt, die vor der sowjetischen Besetzung im Ausland angelegt worden waren. Zudem wurde beschlossen, die Kroon im Verhältnis 8 : 1 an die DM zu binden und die Geldmenge so klein wie möglich zu halten. Nicht mehr als 600 Millionen Kroon einschließlich aller Konten gelangten in Umlauf. Gleichzeitig boomte der Bankensektor. Knapp 1000 DM Eigenkapital reichten, um eine Bank zu gründen, und nur wenige Monate später gab es im ganzen Land über 40 davon. Daß es sich dabei nicht immer um seriöse Kreditinstitute handelte, liegt auf der Hand. Manche fungierten eher als Geldwaschanlagen für Einkünfte vom Schwarzmarkt. Sie verteilten abenteuerliche Kredite, ohne die geringsten Sicherheiten zu verlangen. Die erste Pleitewelle ließ denn auch nicht lange auf sich warten. Nur ein halbes Jahr später schloß die Zentralbank drei der neuen Geldinstitute und brachte damit 25000 Menschen um ihre Ersparnisse.

Im August 1993 unterzeichnete die estnische Regierung einen Vertrag mit dem Internationalen Währungsfond (IWF) und der Weltbank. Die Finanzinstitute stellten Estland 70 Millionen US-$ an Krediten zur Verfügung. Im Gegenzug verpflichtete sich die Regierung, die Preise freizugeben, Subventionen abzubauen und abgewirtschaftete Unternehmen nicht länger künstlich am Leben zu erhalten. Zudem sollten die Anreize für westliche Investoren erhöht, das heißt, Zollschranken abgebaut werden. Vor allem durch die Freigabe der Preise erhielt die Inflation einen kräftigen Schub. 1992 lag sie bei 1000%. Ebenso unvermeidlich waren steigende Arbeitslosigkeit und Konkurse. Gleichzeitig hatte die Wirtschaft jedoch die Talsohle erreicht, und die Maßnahmen zur Geldwertstabilität zeigten allmählich Erfolge.

Die Roßkur hatte jedoch ihren Preis, und den zahlten die wirtschaftlich Schwachen. In Estland entstanden in kurzer Zeit extreme soziale Gegensätze. Die Regierung unternahm zunächst wenig, um dem entgegenzusteuern. Die Konsolidierung der Wirtschaft hatte höchste Priorität. Dadurch sollte langfristig die Möglichkeit geschaffen werden, den Lebensstandard aller Menschen anzuheben. So wurde 1993 ein Einkommensteuersystem unabhängig vom Einkommen der Einzelnen eingeführt, das pauschal allen 25% Steuer auferlegt. Im Ausland stieß diese Maßnahme auf Kritik und Unverständnis. Die Stuttgarter Zeitung schrieb am 10. Oktober 1993: „Diese Absage an jede Form der institutionalisierten Solidarität haben alle Regierungsparteien mitgetragen. ‚Wir haben sehr gute Sozialdemokraten', grinste Hallaste (Anm.: Fraktionschef der Vaterlandspartei) über den willfährigen Koalitionspartner." Im Land selbst sehen viele das Steuersystem nicht als Beitrag zum sozialen Kahlschlag. Ziel ist es, die Steuern überschaubar und niedrig zu halten, um Raum für private Investitionen zu lassen. Außerdem, so kalkulierte die Regierung, hat kein Gutverdienender die Chance, sich als Abschreibungskünstler vor der Steuer zu drücken, wenn alle gleich besteuert werden. Tatsächlich sollte die Regierung damit langfristig Recht behalten, denn die Steuermoral ist relativ hoch, besonders im Vergleich mit den anderen früheren Sowjetrepubliken. Estland deckt 40% seiner Staatseinnahmen durch Steuern. Nur Deutschland, Österreich und einige andere mitteleuropäische Staaten mit weitaus höheren Steuersätzen liegen etwas darüber. Die USA und Japan erreichen 35%, Georgien als Schlußlicht der ehemaligen Sowjetunion gerade 10%.

Doch die Maßnahmen zur allgemeinen Konsolidierung griffen nur langsam. Im ersten Jahr nach der Unabhängigkeit verschlechterte sich der Lebensstandard einer Erhebung zufolge für 85% der Bevölkerung, 14% erklärten, für sie habe sich nichts verändert und 1% verzeichnete eine Verbesserung. 20 bis 25% der Bevölkerung waren arbeitslos, zum Teil „versteckt" in dem Sinn, daß sie von den Betrieben ohne Lohnfortzahlung freigestellt wurden. Das monatliche Durchschnittseinkommen einer dreiköpfigen Familie lag zu der Zeit bei umgerechnet knapp 100 DM, während die Preise für viele Dinge auf deutsches Niveau geklettert waren. Grundnahrungsmittel wie Brot und landwirtschaftliche Produkte sowie ungeachtet der Preiserhöhungen auch die Mieten waren zwar immer noch billiger, dennoch konnte sich kaum jemand mehr leisten. Ein kleiner Farbfernseher kostete ein halbes Jahresgehalt, ein moderner Breitwand-Fernseher vier, ein neuer Lada sechs Jahresgehälter.

Viele, die keine Anbindung an die Landwirtschaft hatten, konnten die ersten Jahre nach der Unabhängigkeit nur überleben, weil sie ihren Hausrat und ihr persönliches Eigentum verkauften. Die Menschen an der russischen Grenze gingen mit ihren Rubelvorräten zum Einkauf häufig auf die andere Seite, wo die Läden zwar leerer, die Preise aber niedriger waren. Das unter der sowjetischen Herrschaft erlernte Improvisationstalent sorgte dafür, daß in dieser Zeit offiziell nur 6% der Bevölkerung unter der Armutsgrenze lebten. Insgesamt nahm die Mehrheit die soziale Härte hin, ohne daß es Unruhen oder Massenproteste gab. Den meisten war klar, daß die tieferen Ursachen nicht bei der Regierung lagen. Für Unmut sorgte allerdings die Tatsache, daß unter den Profiteuren der neuen Wirtschaftsordnung viele waren, die schon unter kommunistischer Herrschaft zu den Privilegierten gehört hatten.

Zweischneidige Privatisierung

Es gab in Estland zunächst wenig Möglichkeiten, auf halbwegs ehrenvolle Art reich zu werden. Um es dennoch zu schaffen, boten sich zwei Betätigungsfelder an. Das eine waren Spekulationsgeschäfte, die von Estlands Rolle als Umschlagplatz zwischen Ost und West profitierten. Personen mit Gespür für den Markt kauften in Rußland für billige Rubel die dort noch zu habenden hochwertigeren Produkte oder Rohstoffe ein, schmuggelten sie über die Grenze und verkauften sie gegen Dollar, DM oder Finnmark. Derartige Geschäfte sind wohl unvermeidlich, wenn Staaten aneinandergrenzen, deren wirtschaftliches Niveau große Unterschiede aufweist.

Die andere Art des schnellen Geldes war dagegen typisch für die nachsozialistischen Staaten. Manager von staatseigenen Betrieben gründeten zusätzlich private Firmen, die dasselbe herstellten. Dann verkauften sie die Produkte aus der staatlichen Produktion zu Niedrigpreisen an ihr eigenes Unternehmen, das sie wiederum mit einer erheblichen Gewinnspanne auf den Markt warf. Von einem konkreten Fall dieser Art berichtete die Zeitung Maaleht. 14 Manager einer staatseigenen Textilfabrik gründeten eine private Textilfirma, die sie „Süd-Estland" nannten. Daraufhin veräußerten sie die Hälfte der staatlichen Produktion zu Preisen, die unter den Herstellungskosten lagen, an ihre eigene Firma, die sie wiederum zum fünf- bis zehnfachen Preis auf den Markt brachte.

Darüber hinaus ist es weitverbreitete Praxis, das Eigentum der staatlichen Betriebe wie zum Beispiel Maschinen, Autos oder Benzin unentgeltlich für die private Firma zu nutzen. Selbst von den Staatsfirmen bezahlte Arbeitskräfte wurden bisweilen in die privaten Unternehmen umdirigiert.

Der estnische Staat ist erst recht spät gegen diese Art von Raub an Gemeinschaftseigentum vorgegangen. Jüri Reinson, der langjährige Vorsitzende des Wirtschaftsausschusses im Parlament, glaubt nicht, daß dies aus Unwissenheit geschah. Er wirft den Regierungen unter Savisaar und Vähi, die beide der kommunistischen Nomenklatura entstammen, vor, absichtlich weggeschaut zu haben, weil die betroffenen Manager häufig alte Weggefährten waren. Auf entsprechende Beschwerden gegen diese Praxis hatten Savisaar und Vähi immer geantwortet, sie hätten nicht das Recht, in die Geschäftspraktiken der Staatsfirmen einzugreifen. Tatsächlich hatte das Parlament Gesetze erlassen, die es dem Staat schwer machten, dem Raub an seinem Eigentum wirkungsvoll entgegenzutreten. Einer unabhängigen staatlichen Kontrollinstanz wurden zwar 24 Fälle von Mißbrauch des Staatseigentums vorgetragen, doch nicht einer kam vor Gericht.

Derartige Praktiken haben das soziale Klima zu Beginn der 90er Jahre mehr belastet als die sozial harten Maßnahmen. Eine Arbeiterin, die selbst am Rande des Existenzminimums lebte, sprach für viele, als sie ihrem Ärger gegenüber einer Zeitung Luft machte: „Unsere Top-Manager haben eine private Firma gegründet. Jetzt fliegen sie überall in der Welt herum und fahren schöne Autos. Diese Leute haben von dem alten kommunistischen System profitiert, und jetzt profitieren sie schon wieder. Das ist nicht fair. Ich möchte sie nicht länger reich machen, ich gebe auf."

Tabelle 4: Entwicklung der Privatisierung durch die EERE

	Angebot	*Anfragen*	*Kaufverträge*
1992	38	103	0
1993	140	337	54
1994	161	391	215
1995	82	199	142
1996	18	47	40
1997	12	56	18

Quelle: The Estonian Institute, Tallinn

Um den Unmut aufzufangen, schuf die Regierung nach deutschem Vorbild eine Treuhandgesellschaft, die *Eest Erastamisettevote* (EERE). Ihre Aufgabe war es, die Privatisierung der Staatsbetriebe zu koordinieren. In einer ersten Runde im November 1992 bot sie 38 große Unternehmen mit 77000 Beschäftigten per Annonce zum Verkauf an, in einer zweiten Runde ein halbes Jahr später noch einmal 52. Interessenten ließen nicht lange auf sich warten, doch die Verhandlungen zogen sich zum Teil über Jahre hin. Mitte der 90er Jahre waren knapp drei Viertel der ehemaligen Staatsbetriebe verkauft, darunter die meisten der traditionellen Produktionsfirmen. 1996 jedoch bot Estland auch Unternehmen zum Verkauf an, die sich selbst in anderen marktwirtschaftlichen Ländern in staatlicher Hand befinden wie zum Beispiel Kraftwerke, Ölschieferpipelines, Eisenbahngesellschaften, Reedereien und sogar den Hafen von Tallinn. Neben Ungarn hat kein osteuropäischer Staat – zur Freude des IWF – die Privatisierung so konsequent betrieben wie Estland.

Weniger erfolgreich war man in dieser Hinsicht allerdings im landwirtschaftlichen Bereich. Ungeklärte Eigentumsverhältnisse sowie der Widerstand der früheren Manager bilden die großen Hindernisse. Ein Gesetz, wonach das Land auf Antrag den alten Eigentümern zurückerstattet wird, fördert nicht das selbstgesteckte Ziel, daß einmal 40000 Familienbetriebe die Basis der Landwirtschaft bilden sollen.

Energieversorgung

Ein besonderes Problem ist der Energiesektor. Vor allem der erste Winter, der bald nach der Unabhängigkeit anbrach, verlangte von den Menschen ein hohes Maß an Geduld und Leidensfähigkeit. Dabei stand Estland noch besser da als die anderen Baltenrepubliken. Im Nordosten liegen nämlich große Ölschiefer- und Uranvorkommen, die das Land am Ende der Sowjetzeit weltweit die drittgrößte Menge an Energie pro Kopf produzieren ließ; nur Norwegen und Kanada lagen noch darüber. Der Bevölkerung blieb davon jedoch nicht viel. Die Vorkommen waren vollständig in den Sowjetmarkt integriert, so daß eine schnelle Umstellung nicht möglich war. Nur die Hälfte des Bedarfs diente dazu, den privaten und öffentlichen Energiebedarf im Land selbst zu decken. Dazu waren zwei Großkraftwerke errichtet worden. Die andere Hälfte wurde nach Rußland, Weißrußland und Lettland exportiert, ein Teil sogar für harte Währung nach Finnland. Die Devisen dafür flossen in die „All-Unions-Betriebe". Die Esten nannten das System *Röövmajandus,* Raubwirtschaft.

Nicht nur aus Schikane, sondern auch aufgrund der eigenen Probleme drosselte Rußland seine Öllieferungen an Estland im ersten Winter nach der Unabhängigkeit auf 10% des vorherigen Niveaus. Die Konsequenzen im Alltag waren verheerend. Die Heizungen wurden auf 17 °C abgesenkt, warmes Wasser war vielerorts nicht mehr verfügbar, Benzin wurde rationiert, und selbst die Stromversorgung war in Gefahr, denn durch die Treibstoffknappheit konnte der Ölschiefer nicht mehr zu den Kraftwerken transportiert werden. So rief die Regierung im Januar 1992 den wirtschaftlichen Ausnahmezustand aus, der Erinnerungen an die schlimmsten Zeiten der Sowjetherrschaft wachrief. Öffentliche Gebäude wurden gesperrt, um Energie zu sparen, Lebensmittel wurden rationiert, gehortete Nahrungsmittel beschlagnahmt und Grenzkontrollen verschärft, um Schmuggel zu verhindern.

Letztlich verhinderte schwedische Hilfe eine größere Katastrophe; im Zuge einer versprochenen Entwicklungshilfe kaufte Stockholm gegen Hartwährung einige zehntausend Tonnen Heizöl von Rußland, um es den Menschen in Estland zur Verfügung zu stellen.

In den Sommermonaten, wenn der Energiebedarf nicht so hoch ist, funktioniert ein Tauschhandel mit Rußland. Moskau ist angesichts der eigenen Misere an landwirtschaftlichen Produkten aus Estland interessiert. An erster Stelle stehen Milcherzeugnisse und Fisch. Sie machen fast die Hälfte des estnischen Exports an den großen Nachbarn aus. Während des Winters benötigt Rußland sein Öl jedoch selbst. So kamen deutsche Abfallverwerter auf die Idee, Altreifen, die daheim teuer entsorgt werden müssen, nach Tallinn zu schicken, damit sie dort in einem Kraftwerk verfeuert werden. Abgesehen von den Umweltschäden konnte das jedoch keine Lösung des estnischen Energieproblems sein.

1993 hatte das Land auch im Energiebereich die Talsohle durchschritten. Die Ölschieferproduktion war auf den landeseigenen Bedarf umgestellt worden, und zudem erlaubte die stabile Wirtschaft sowie der wachsende Handel mit den skandinavischen Nachbarn der Regierung, Öl auf dem freien Markt zu kaufen. Zwar steht den Menschen keine so große Energiemenge wie in den westeuropäischen Ländern zur Verfügung, doch die Härte der ersten Winter nach der Unabhängigkeit ist heute nur noch Erinnerung.

Auslandsinvestitionen

Die allen Schwierigkeiten zum Trotz konsequente Stabilitätspolitik der estnischen Regierung und die günstige geographische Lage des Landes als Drehscheibe zwischen Ost und West lockten allmählich ausländische Investoren ins Land. Der Kapitalfluß begann jedoch recht langsam, auch im Bereich der Wirtschaftshilfe. Viele stimmten dem Schweden Karlis Goppers zu, einem leitenden Beamten in der nationalen Entwicklungsbehörde, der warnte: „Ein massiver Strom von Bargeld überlastet die Wirtschaftsverteilung. Statt sich der Reformarbeit zu widmen, könnten sich die Zuständigen aufs Geldverteilen beschränken, was Ineffektivität und Korruption Vorschub leistet." Und er vergaß nicht hinzuzufügen: „Genau wie in Bangladesh."

Dennoch wurde auch finanzielle Soforthilfe gern angenommen. Am spendabelsten erwies sich Dänemark, gefolgt von Italien, Deutschland und Finnland. Insgesamt galt aber eher die Devise, Wirtschaftshilfe gezielt in Form von Ausbildung, Beratung und konkreten Projekten zu leisten. Daß private Firmen dabei nicht uneigennützig dachten, war den Esten klar. Das Land lockte schließlich mit niedrigen Lohn- und Produktionskosten, motivierten Mitarbeitern sowie dem nahen skandinavischen Markt. Die Politiker sorgten für die Rahmenbedingungen: Am 1. September 1994 nahm eine Investitionsbehörde die Arbeit auf, deren Aufgabe es ist, weltweit Investitionstrends zu beobachten und auf der Basis der gewonnenen Daten Firmen ins Land zu holen

Ein richtungsweisendes Projekt wurde bereits einen Monat nach der Unabhängigkeit von Finnland in Angriff genommen. Die staatliche Ölfirma „Neste" vereinbarte mit dem estnischen Unternehmen „Eesti Kutus" den Bau einer Lager- und Umschlaghalle für Ölprodukte im Hafen von Tallinn. Dabei handelte es sich um ein 50 Millionen Dollar-Projekt, an dem das finnische Unternehmen mit 55% beteiligt ist. Kurze Zeit später errichtete das Unternehmen „Paulig", Nordeuropas größter Kaffeeröster, eine Produktionsstätte bei Tallinn. Der norwegische Mineralölkonzern „Statoil" schloß mit der estnischen Regierung einen Vertrag, um von Tallinn aus das gesamte Baltikum mit einem Netz von Tankstellen auszustatten. Ein Vorzeigeprojekt ist die Übernahme des Textilunternehmens „Kreenholm" in Narva durch eine kleine schwedische Firma. Erfolgversprechend sind auch Investitionen im Dienstleistungssektor und Handel. Fährverbindungen über die Ostsee wurden rasch ausgebaut und brachten Besucher mit Devisen ins Land, wenn auch häufig nur für einen Tag. Für sie standen bald alle weltweit bekannten Markenprodukte zur Verfügung, von Erfrischungsgetränken über Fast-Food-Ketten bis hin zu Kosmetika und Designertextilien. Für viele Finnen und Schweden ist jedoch der billige Alkohol ein großer Anreiz nach Estland zu kommen. Zwischen 1991 und 1996 betrug der gesamte Umfang der ausländischen Investitionen sechs Milliarden Kronen.

Ganz im Sinne der neuen Epoche wurde Tallinn ein Zentrum der Computerindustrie in Nordosteuropa. Die Firmen „Sun Microsystems" und „Oracle" aus dem kalifornischen Silicon Valley errichteten in Tallinn ein „Internet Centric Excellence" (ICE), ein High Tech-Zentrum mit Modellcharakter, das vorrangig der Industrie zur Verfügung steht. Dort werden Produkte entworfen und auf den Markt gebracht, Kontakte vermittelt und Seminare organisiert. Zudem verfolgen die Firmen das ehrgeizige Projekt, allen Schulen des Landes einen Zugang zum Internet zu ermöglichen. Nicht zuletzt durch diese Initiative nimmt das Land europaweit den 17. Platz bei der Anzahl der Internet-Anschlüsse pro Kopf ein. Auf 10000 Einwohner kommen 55 Anschlüsse.

Wirtschaftlicher Aufschwung

Mit großer Disziplin gelang es der Regierung, bei dem schwierigen Drahtseilakt zwischen einem ausgeglichenen Haushalt und der Notwendigkeit öffentlicher Ausgaben die Balance zu halten. So setzte etwa zwei Jahre nach der Unabhängigkeit allmählich ein wirtschaftlicher Aufschwung ein. 1993 sank die Inflationsrate auf 30%, 1998 hatte sie 11,3% erreicht. Damit befand sich Estland im Mittelfeld der fünf Anwärter für die EU-Osterweiterung. Die Tschechische Republik und Slowenien wiesen noch um 2 bis 3% günstigere Werte auf, während die Inflationsrate in Polen und Ungarn höher lag. Gleichzeitig wurde der Produktionsrückgang gestoppt. 1995 stieg das Bruttoinlandsprodukt (BIP) erstmals wieder an. Das Wirtschaftswachstum pendelte sich seitdem auf 4 bis 5% ein. Das bedeutet zwar nicht gerade einen Boom, wie er in anderen Staaten nach dem Ende der Planwirtschaft zu verzeichnen war – vor allem in der VR China –, aber es signalisiert ein stabiles, langfristiges Wachstum. 1998 überschritt das BIP pro Kopf erstmals die 3000 Dollar-Grenze. Damit liegt das Land gleichwohl noch an letzter Stelle der EU-Beitrittskandidaten. Die Arbeitslosigkeit wurde auf 4% gedrückt. Dabei gab es einen grundlegenden Strukturwandel. Statt der Industrie schaffen heute Dienstleistungen und Handel die meisten Arbeitsplätze.

Mit der Konsolidierung des öffentlichen Haushaltes wurde erstmals auch der Rahmen für bescheidene Sozialleistungen geschaffen. Eine der ersten Initiativen von Ministerin Lauristin war die Einführung einer Sozialversicherung. Darüber hinaus beschloß das Parlament am 9. Februar 1994 die Einführung von Kinder- und Mutterschaftsgeld. Für die ersten 18 Monate nach der Geburt eines Kindes erhält jede Mutter 180 Kronen (ca. 22 DM) im Monat, danach bis zum 16. Lebensjahr – bei Studierenden auch bis zum 19. – pro Monat 90 Kronen. Im selben Jahr wurden auch die Renten von 260 auf 360 Kronen erhöht. Für deutsche Verhältnisse mögen die Beträge nachgerade lächerlich erscheinen, doch müssen sie in Relation zu einem monatlichen Lohnniveau gesehen werden, das Mitte der 90er Jahre an seiner unteren Grenze kaum über 500 Kronen hinausging. Inzwischen liegt der Mindestlohn bei 1100, der Durchschnittslohn bei 3600, das Arbeitslosengeld bei 300 und die Mindestrente bei 320 Kronen.

Insgesamt gelang es Estland dank der soliden Wirtschaftspolitik schneller als erwartet, sich aus der Abhängigkeit von Rußland zu befreien. Noch im Jahr der Unabhängigkeit gingen 85% aller Exporte an Staaten der ehemaligen Sowjetunion. 1993 stand erstmals Finnland an der Spitze der estnischen Ausfuhren, gefolgt von Rußland und Schweden, das den größten Anstieg zeigte. Die wichtigsten Exportgüter sind Textilien, Maschinen, chemische Erzeugnisse sowie Holz und Holzprodukte. Bei den Importen handelt es sich vor allem um High Tech-Ausrüstung, Öl sowie ebenfalls Maschinen und Maschinenteile. Die Handelsbilanz weist dabei ein Defizit auf, das inzwischen auf etwa 20 Milliarden Kronen pro Jahr angewachsen ist.

1997 verzeichnete das Land erstmals auch ein Haushaltsdefizit, eine für viele Staaten normale Entwicklung. Überraschend war eher, wie spät dies in Estland der Fall war. Dennoch drängte der IWF seinen osteuropäischen Musterschüler, „den Gürtel enger zu schnallen“, wie es Ardo Hansson, der finanzpolitische Berater des Premierministers, offen zugab. Bis zum Jahr 2000 soll das Defizit ausgeglichen sein. Die Sparpolitik betrifft alle Bereiche des öffentlichen Lebens, sogar den Wehretat, der in vielen Ländern davon ausgenommen ist. Die Rüstungsausgaben belaufen sich auf etwa 150 Millionen US-$ im Jahr.

Bestandsaufnahme der Umweltsituation

Die Ursachen der Umweltverschmutzung in Estland reichen in die sowjetische Zeit zurück, doch können damit heute nicht mehr alle Umweltsünden entschuldigt werden. Verantwortlich für die Zerstörungen der Natur waren im wesentlichen die rücksichtslose Industrialisierung, das heißt der unverantwortliche Umgang mit Atomenergie, die mit Chemikalien völlig überdüngte Landwirtschaft sowie die Abwässer aus Industrieanlagen und privaten Haushalten, die weitgehend ungeklärt in die Flüsse oder die Ostsee gelangen.

Am schlimmsten ist die Situation im Nordosten des Landes, wo sich die großen Ölschiefervorkommen befinden. Schon vor dem

Zweiten Weltkrieg beutete die Regierung der unabhängigen Republik die Reichtümer aus, doch beachtete sie dabei so gut es ging ökologische Grundsätze. Der durchschnittliche Jahresertrag lag bei 4 Millionen Tonnen, die im relativ umweltschonenden Untertagebau gewonnen wurden. Für die Regierung in Moskau spielten ökologische Erwägungen keine Rolle. Durch den umweltschädlicheren Tagebau konnte die Produktion auf etwa 30 Millionen Tonnen gesteigert werden, zudem erfordert der Abbau pro Jahr 300 Millionen m^3 Grundwasser. Die Zeche zahlen die Anwohner mit einer zerstörten Umwelt. Beim Verheizen der Ölschiefer senken sich jährlich 100 000 Tonnen Asche, in der Schwermetalle und radioaktive Substanzen enthalten sind, über die Landschaft und gelangen in die menschliche Nahrungskette. Der Grundwasserspiegel ist bereits drastisch gesunken, die Natur gleicht in einigen Regionen einer Mondlandschaft, Haut- und Atemwegserkrankungen sind weit verbreitet.

In Kunda, einem Ort mit bedeutenden prähistorischen Funden, hat die Sowjetregierung zudem große Zementwerke errichtet. 24 Stunden am Tag und 7 Tage die Woche rieselt dicker weißer Staub aus dem Werk über die Wohngebiete. 60 000 Tonnen sind es in einem Jahr. Für die Menschen ist es unmöglich, ihre Fenster zu öffnen.

Mindestens ebensogroß sind die Probleme im nahegelegenen Sillamäe. Dort wurde in einem See radioaktiver Abfall aus der Urangewinnung ohne angemessene Sicherheitsvorkehrungen entsorgt. Wälle aus Erde und Kies sollten ein Abfließen in die Ostsee verhindern. Ähnlich verantwortungslos war der Umgang mit atombetriebenen U-Booten im Hafen von Paldiski im Westen. Die Reaktoren enthalten große Mengen hochradioaktiven Brennstoffs. In beiden Fällen beteiligt sich vor allem Schweden daran, die Zeitbomben so gut es noch geht zu entsorgen.

Auch die Hauptstadt ist von den Auswirkungen der rücksichtslosen Industrialisierung nicht verschont. Dort sorgt vor allem eine Zellstoff-Fabrik auf dem Weg zum Flughafen für dicke Luft und verschmutzte Gewässer. Die Anlage stammt aus dem vorigen Jahrhundert und wurde zuletzt 1926 modernisiert. Allerdings gelangen die Abwässer heute nicht mehr direkt in die Ostsee, sondern zunächst in das städtische Kanalisationssystem.

Seit den 80er Jahren trägt die Abholzung von drei Millionen m^3 Wald pro Jahr zur Verschlechterung der Situation bei. Damit wird der Bedarf der Papier- und holzverarbeitenden Industrie gedeckt.

Zu den institutionell bedingten Problemen kommen bisweilen noch Unfälle. So lief im Januar 1993 ein mit 1500 Tonnen Rohöl beladener Tanker sieben Kilometer vor der Küste von Tallinn in schwerer See auf Grund. Dabei flossen mindestens 40 Tonnen der Ladung in die ohnehin bereits verschmutzte Ostsee.

Zwar versucht sich die Regierung in akuten Fällen im Krisenmanagement, doch im Alltag hat die Ökonomie eindeutig Vorrang vor der Ökologie. Immerhin hat man damit begonnen, die größeren Städte mit Kläranlagen auszustatten. Manche Maßnahmen, die zur wirtschaftlichen Erholung beigetragen haben, sind für die Umwelt dagegen eine Katastrophe. Der rasche Ausbau der Schiffsverbindungen nach Schweden und Finnland zum Beispiel bringt zwar harte Währung ins Land, belastet aber auch die Ostsee ganz beträchtlich. Für den Devisenbringer Holz werden die Wälder weiter kahlgeschlagen. Bei der Wiederaufforstung entstehen Fichtenplantagen, die schnelle Erträge versprechen, aber mit dem ursprünglichen Wald nicht viel zu tun haben.

Politischer Druck seitens der Bevölkerung fehlt, um die Regierung zu einem Kurswechsel zu bewegen. Verständlicherweise haben die Menschen andere Probleme. Dabei gab es in der Sowjetzeit durchaus Proteste gegen die Zerstörung der Umwelt. Als die sowjetische Regierung in den 80er Jahren neben dem Ölschiefer im Nordosten auch noch großflächig Phosphaterze im Tagebau gewinnen und zur Herstellung von Düngemittel verwenden wollte, wehrten sich die Menschen. Die Erze sind mit dem schwermetallreichen Diktyonema-Schiefer gebunden, der sich in Verbindung mit Luftsauerstoff leicht entzündet und radioaktive Substanzen freisetzt. Durch den geplanten Abbau wären noch weitere Teile des Landes zur Wüste geworden; die Regierung mußte jedoch schließlich von den Plänen Abstand nehmen, denn auch einheimische Funktionäre plädierten dagegen, und die Stimmung im Land war nicht mehr so totalitär wie in den Jahrzehnten zuvor.

Die recht starke Umweltbewegung unter der sowjetischen Besetzung war vielfach eher ein Ventil des Protestes. Unter dem Mantel der Ökologie konnte sich die Opposition am ehesten sammeln. Möglicherweise gibt es einen neuen Aufschwung für den Umweltschutz, wenn der Überlebenskampf nicht mehr so hart ist.

Estlands Rolle im neuen Europa

Der im ganzen Land über alle politischen Grenzen hinweg verbreitete Wunsch nach Aufnahme in die Europäische Union sowie in die NATO hat nicht nur etwas mit wirtschaftlichem Denken und militärischem Sicherheitsbedürfnis zu tun. Er ist Ausdruck der Sehnsucht, wieder ins gemeinsame Haus Europa zurückzukehren und dieses mit den eigenen spezifischen Erfahrungen zu bereichern. Auf dem Weg in die EU haben die Esten inzwischen die größten Hindernisse ausgeräumt. Die NATO-Mitgliedschaft wird dagegen auf absehbare Zeit ein Traum bleiben.

Wirtschaftlicher Erfolg und neue Freunde

Zunächst begann auch der Weg in die EU recht mühsam. Zwar wurde das Land schon im Mai 1993 in den Europarat aufgenommen, doch gleichzeitig mußte es erkennen, daß in den entscheidenden Gremien in Brüssel, aber auch bei vielen Politikern der westlichen und südlichen EU-Staaten nicht so sehr das gemeinsame Bekenntnis zu den Werten der abendländischen Kultur eine Rolle spielt, sondern nüchterne wirtschaftliche Fakten zählen.

Auch wenn die Gemeinschaft längst nicht mehr „Europäische Wirtschaftsgemeinschaft" heißt, so ist die Wirtschaft dennoch nach wie vor die wichtigste Triebfeder des Einigungsprozesses. Für Estland wie für die anderen baltischen Staaten war es deshalb ernüchternd, als die EU im Februar 1994 statt der erhofften Assoziierungsverträge mit der Option auf eine spätere Mitgliedschaft nur Freihandelsverträge anbot. Einzig Dänemark trat als Anwalt der baltischen Staaten auf, fand aber keine Mehrheit für seine Position.

Erst zu dieser Zeit begann der Aufschwung der estnischen Wirtschaft. Noch zweifelten viele Beobachter, ob die versprochene Stabilität und der ausgeglichene Haushalt erreicht werden könnten. Dies gelang jedoch in der Folgezeit so überzeugend, daß auch Skeptiker davor nicht die Augen verschließen konnten. Zudem kam den baltischen Staaten eine andere Entwicklung zugute. Am 1. Januar 1995 traten Finnland und Schweden der EU als Vollmitglieder bei. Dadurch wurde die Lobby für die Balten erheblich gestärkt. Im Juni 1995 ernteten sie die ersten Früchte; die EU schloß mit allen drei baltischen Staaten Assoziierungsverträge, die ausdrücklich die Perspektive einer späteren Mitgliedschaft beinhalteten.

Bei der weiteren Beurteilung der Mitgliedsanträge entschieden erneut wirtschaftliche Kriterien – zum Vorteil von Estland, das schneller und erfolgreicher den Übergang von der Plan- zur Marktwirtschaft vollzog als Litauen und Lettland. Am 15. Juli 1997 empfahl die EU-Kommission in Brüssel, Beitrittsverhandlungen mit sechs Staaten aufzunehmen: Ungarn, der Tschechischen Republik, Polen, Slowenien, Zypern und Estland. Ein Gipfeltreffen der Staats- und Regierungschefs fünf Monate später bestätigte die Empfehlung, so daß Estland nun einem großen außenpolitischen Ziel erheblich nähergekommen ist. Ein formales Prinzip drohte jedoch zu einem unvorhergesehenen Hindernis zu werden. Auf Initiative des früheren französischen Außenministers Balladur hatte sich die EU verpflichtet, nur Staaten aufzunehmen, die keine offenen Grenzstreitigkeiten mit den Nachbarn haben. Estland hatte zur Zeit der Wiederherstellung der Unabhängigkeit aber noch Ansprüche auf die alten Staatsgebiete um Petseri und Narva, die von Moskau 1945 der russischen Sowjetrepublik zugeschlagen worden waren. Durch die eigene Verzichtserklärung sowie die Fürsprache Deutschlands wurde die Balladur-Initiative schließlich nicht gegen Estland angewandt.

Was bleibt, ist die Wirtschaft, und in dieser Hinsicht hat Estland im Vergleich mit Polen, Ungarn und der Tschechischen Republik gute Chancen, die Verhandlungen zu einem positiven Ergebnis zu führen. Frühestens 2002 könnte Estland dann der EU beitreten.

Rücksicht auf Rußland

Die NATO ist dagegen nicht bereit, zum jetzigen Zeitpunkt über eine Mitgliedschaft der baltischen Staaten zu verhandeln. Sie beschloß auf ihrem Gipfeltreffen am 8./9. Juli 1997 in Madrid, derartige Verhandlungen mit Polen, Ungarn und der Tschechischen

Republik aufzunehmen. Neben den Balten gingen auch die beitrittswilligen Staaten Rumänien und Slowenien zunächst leer aus.

Dieses Ergebnis war – zumindest für Estland – absehbar. Dennoch lassen Politiker aus Tallinn keine Chance ungenutzt, an die Tür der NATO zu klopfen und eine klare Stellungnahme über die Ablehnung der Beitrittsverhandlungen zu fordern. Schließlich gesteht Artikel 10 des NATO-Vertrages allen europäischen Staaten das Recht auf eine Mitgliedschaft zu. Außerdem sei immer von einer Wertegemeinschaft die Rede, und der fühle sich Estland eng verbunden.

Die Gründe für das Verhalten der Organisation liegen auf der Hand, und auch die Esten kennen sie. Die NATO sucht die Partnerschaft mit Rußland und unterläßt alles, was dort als Provokation aufgefaßt werden könnte. Die Aufnahme eines Landes, das eine gemeinsame Grenze mit Rußland hat und zudem einst Teil der Sowjetunion war, würde als solche aufgefaßt; das hat Moskau mehr als einmal deutlich zu verstehen gegeben. Dabei werden von russischen Politikern häufig die Gefühle der Menschen in den Vordergrund gestellt: „Wenn morgen NATO-Schiffe in die unseren Menschen noch so vertrauten Häfen von Klaipeda, Liepaja und Tallinn einlaufen, kann ich mir die öffentliche Reaktion lebhaft ausmalen. Extremistische Aufrührer aller Schattierungen würden durch Fehlentscheidungen der NATO politisch reanimiert", erklärte der frühere russische Parlamentspräsident und Sekretär des Sicherheitsrates, Iwan Rybkin, in einem Spiegel-Interview vom 26. Mai 1997. Jelzins Sprecher Sergej Jastrschembskij hatte die Aufnahme der Balten kurz zuvor in Bonn sogar als „große Bedrohung" für Rußland bezeichnet.

Auch Friedensgruppen wie zum Beispiel die „Internationale Ärztevereinigung zur Verhütung eines Atomkriegs" (IPPNW) äußern Vorbehalte gegen die NATO-Erweiterung. NATO-Staaten hätten die Pflicht, die Stationierung von Atomwaffen auf ihrem Territorium zuzulassen. Würde das Baltikum dem militärischen Bündnis angehören, könnten westliche Sprengköpfe unmittelbar an der russischen Grenze stationiert werden und damit in der Tat zu einer ernsten Bedrohung werden, warnt die IPPNW. Diesen Bedenken kann allerdings mit zusätzlichen Verträgen begegnet werden, die eine Stationierung von Atomwaffen im Baltikum ausdrücklich untersagen.

Angesichts der Vorbehalte gegen eine Mitgliedschaft der baltischen Staaten bemüht sich die NATO, diesen andere Sicherheitskonzepte anzubieten. Bei der „Partnerschaft für den Frieden", die auch die skandinavischen Nicht-Nato-Staaten Schweden und Finnland einschließt, geht es um eine bilaterale Zusammenarbeit von einzelnen Waffengattungen, zum Beispiel gemeinsame Flottenmanöver in der Ostsee, Minenräumaktionen vor baltischen Häfen oder die Überwachung des Luftraumes. Präsident Lennart Meri gehört zu den Skeptikern dieses Konzeptes. Er meinte gar, es sei wie ein „leeres Fläschchen Chanel, hübsch anzusehen, aber eben ohne Inhalt".

Die Esten führen vor allem zwei Gründe für ihre Enttäuschung über diese Entwicklung an. Der eine ist historischer Natur. Durch den Hitler-Stalin-Pakt und sein geheimes Zusatzprotokoll wurden sie der Sowjetunion ausgeliefert. Jetzt sehen sie sich zum zweiten Mal als Opfer dieses Paktes, denn die Zwangs-Mitgliedschaft in der Sowjetunion wird nun zu einem wichtigen Argument, warum Moskau die Erweiterung nicht zuzumuten ist. Völkerrechtlich angemessen wäre es dagegen, die Folgen des Paktes endgültig zu beseitigen und das Baltikum nicht länger zum Hegemonialbereich Rußlands zu zählen.

Der zweite Grund ist sicherheitspolitischer Natur. Er wird durch die Aufnahme anderer osteuropäischer Staaten eher noch verstärkt. Wenn die Ostgrenze der NATO einmal mit der Westgrenze des Baltikums zusamenfällt, fühlen sich Esten, Letten und Litauer in einer sicherheitspolitischen Grauzone. Die NATO hat dann ihren Einflußbereich deutlich abgesteckt und das Baltikum Rußland überlassen, das aus verständlichen Gründen nicht gerade viel Vertrauen im Baltikum genießt. Bisweilen grassiert sogar die Angst vor einer neuen Monroe-Doktrin. Diese geht auf den fünften amerikanischen Präsidenten James Monroe zurück, der 1823 in einer Ansprache an das Volk erklärte, die USA würden von einer Einmischung in europäische Angelegenheiten absehen.

Initiativen aus dem Osten

Die Initiative zur NATO-Erweiterung geht in die Zeit vor dem Zerfall der Sowjetunion zurück. Schon im Februar 1990 hatte Ungarn eine entsprechende Bitte geäußert, ein Jahr später Polen und die damalige Tschechoslowakei. Die NATO reagierte darauf zunächst sehr zurückhaltend, doch aufgrund der Erfahrungen im ehemaligen Jugoslawien sowie der allgemeinen Destabilisierung in Rußland setzte ein Umdenken ein. Die Situation in Osteuropa erschien westlichen Militärplanern zusehends unkontrollierbarer, weshalb die Initiativen aus Budapest, Prag und Warschau durchaus gelegen kamen. Vor allem Deutschland zählte zu den Befürwortern der Erweiterung, während sich die USA zunächst zurückhielten. Gleichzeitig war die NATO-Führung indes darauf erpicht, mit den vertrauenswürdigen Personen in Moskau zu kooperieren, statt sie zu provozieren. Zur Mitgliedschaft der Staaten, die keine gemeinsame Grenze mit Rußland haben, kam schließlich grünes Licht aus Moskau. Auch die USA gaben ihre Zurückhaltung auf, wohl nicht zuletzt, um den Führungsanspruch innerhalb der NATO zu betonen. Die Organisation gab sogar eigens eine Studie zur Osterweiterung in Auftrag, die im Dezember 1995 veröffentlicht wurde.

Wie auch bei den Verhandlungen mit der EU war Dänemark der wichtigste Anwalt der Balten. Diese gewannen im Laufe des Prozesses auch die vorsichtige Unterstützung von US-Präsident Bill Clinton. Bei einem Besuch im Juli 1994 versicherte er ihnen, „daß keine europäische Demokratie letztlich von der Mitgliedschaft in der NATO ausgeschlossen bleiben soll". Deutschland dagegen hielt sich mit Rücksicht auf Rußland bedeckt. Das hat der damalige Verteidigungsminister Volker Rühe den Balten bei einem Besuch im August 1995 sehr deutlich gemacht. Für das Bonner Zögern waren nicht nur allgemeine sicherheitspolitische Bedenken ausschlaggebend, sondern auch das ausgezeichnete Verhältnis von Bundeskanzler Helmut Kohl zu dem russischen Präsidenten Boris Jelzin, das nicht getrübt werden sollte.

Zunächst hat sich die NATO für die kleine Lösung entschieden. Sie verhandelt mit drei Kandidaten, die außen- wie innenpolitisch verhältnismäßig unproblematisch sind. Damit wird sich an ihrem Selbstverständnis nicht viel ändern. Die große Lösung mit den baltischen und südosteuropäischen Staaten bietet allerdings die Chance für die NATO, mehr denn je zu einem politischen Bündnis zu werden.

Die Esten sind deshalb nicht ganz desillusioniert wegen der bisherigen Entwicklung. „Immerhin haben wir es geschafft, daß die Frage der NATO-Zugehörigkeit nun nicht mehr unter den Teppich gekehrt wird, sondern auf dem Tisch liegt. Wenn wir nicht gedrängt hätten, wären wir zu gern vergessen worden", resümierte Präsident Meri angesichts der Entscheidungen in den westlichen Hauptstädten.

Kampf um die Gleichberechtigung und Pflege des Brauchtums
Die Estinnen machen sich stark

KULTUR UND GESELLSCHAFT

Identität und Widerstand

Sängerfeste mit einigen tausend Aktiven und Hunderttausenden von Zuhörern; Lyrikbände, die bei einer Auflage von 15000 bis 20000 Exemplaren in wenigen Wochen vergriffen sind; ausverkaufte Theatervorstellungen während einer ganzen Saison...

Schon im deutschsprachigen Raum mit seinen knapp 100 Millionen Menschen wären dies beeindruckende Zahlen, wieviel mehr bedeutet es aber erst für Estland? Selbst wenn man einige hunderttausend Emigranten hinzuzieht, die engen Kontakt mit der Heimat pflegen, erscheint es schwer nachvollziehbar, wie ein Sängerfest immer wieder ein Drittel der Bevölkerung faszinieren kann oder wie jeder fünfzigste anspruchsvolle Lyrikbände kauft. Im deutschsprachigen Raum entspräche das einer Auflage von zwei Millionen Exemplaren.

Offensichtlich spielt die Kultur im täglichen Leben der Esten eine Rolle, die westeuropäische Verhältnisse weit übertrifft. Schon im 19. Jahrhundert hat sie entscheidend zur Ausbildung einer eigenen Identität beigetragen, und der friedliche Kampf um die Unabhängigkeit trägt nicht umsonst den Namen „singende Revolution".

Die alten Traditionen

Die Esten verfügen über ein großes Repertoire alter Überlieferungen aus vorchristlicher Zeit. Erzählungen, Sagen und Märchen wurden – in Ermangelung einer eigenen Schrift – mündlich von Generation zu Generation weitergegeben. Heute sind mehr als 100000 Volkslieder bekannt. Sie handeln von historischen Ereignissen ebenso wie vom harten Alltag der Bauern und von feudaler Willkür. So wie die estnische Geschichte jahrhundertelang von Kriegen und fremden Eroberern bestimmt war, sind viele Volkslieder von Traurigkeit und Schwermut gekennzeichnet. Zur Tradition der Lieder, von denen die meisten noch nicht schriftlich festgehalten sind, sagt die oben zitierte Sängerin Kirile Loo: „Folklore umfaßt außer Musik auch Glaubensvorstellungen, Sitten und Gebräuche, Spiele und Tänze, was sich wiederum in den Liedern widerspiegelt. Die wurden über Generationen von den

Müttern an ihre Töchter weitergegeben... Vor langer Zeit waren die Sängerinnen als Hexen verrufen, aber diese Einstellung änderte sich in den folgenden Jahrhunderten, und seitdem sind Volkssänger hoch geehrt. Für mich ist das wichtigste, daß die Botschaft eines alten Volksliedes auch heute noch nachvollzogen werden kann. Die angesprochenen Texte können an die Substanz gehen, wie in dem Klagelied über den Tod der Mutter, oder verletzend direkt sein, wie im Schimpflied über den stets betrunkenen Ehemann. Jedenfalls berühren diese Lieder jeden, weil sie von Liebe und Haß, Zärtlichkeit und Sehnsucht erzählen."

Die Entstehung der Schrift

Als skandinavische, russische und deutsche Eroberer das Land ab dem 12./13. Jahrhundert in ihre Gewalt brachten und die Einheimischen zu Menschen zweiter Klasse degradierten, gab es im Land noch keine Schrift. Mit der Kolonisierung ging die Christianisierung einher, und so waren die ersten Bücher in estnischer Sprache religiöser Natur. Doch auch dafür bedurfte es zunächst der Reformation, da der deutsche Ritterorden oder die deutschen Bischöfe im Land nicht auf die Idee kamen, Bücher in der Sprache der Einheimischen zu drucken.

1535 erschien in Wittenberg ein niederdeutsch-estnischer Katechismus, 16 Jahre später eine Auswahl von Bibeltexten, die ein junger Este, Hans Susi, zusammengestellt hatte. Beide Publikationen blieben jedoch isoliert. Offenkundig waren die Menschen noch zu sehr ihrer Erzähltradition verbunden. Der Pastor und promovierte Kirchenhistoriker Professor Toomas Paul berichtet in einer Publikation des Evangelischen Missionswerkes von einem Vorfall aus dem Jahr 1683. Damals hatte der schwedische König 800 Taler für den Druck des Neuen Testaments im nordestnischen Dialekt zur Verfügung gestellt. Die Kirchengemeinde benutzte das Geld jedoch für die Renovierung der Domkirche. 1686 erschien das Neue Testament schließlich im südestnischen Dialekt, 1739 kam eine Gesamtausgabe der Bibel, übersetzt von Anton Thor Helle, heraus. In den reformierten Nachbarländern Finnland, Schweden und Lettland gab es dies zum Teil schon 200 Jahre vorher, allerdings blieben die Bücher dort auf eine kleine Oberschicht beschränkt, die es unter den Esten nicht gab. Andere

Der erste Chronist

Eine besondere Rolle unter den Chronisten nimmt Balthasar Russow (1536–1600) ein. Sein Vater war ein Kutscher aus dem Dorf Kurla, der in Tallinn einen gewissen sozialen Aufstieg geschafft hatte. Der Sohn konnte deshalb eine Schule besuchen. Da er sich als sehr talentiert erwies, wurde er zum Theologiestudium nach Stettin geschickt. Von dort zog er weiter nach Bremen, wo es ihm offenbar sehr gefiel. Dennoch kehrte er nach dem Tod seines Vaters heim und übernahm eine Pastorenstelle an der Heilig-Geist-Kirche. Dort wirkte er 37 Jahre lang bis zu seinem Tode. Während dieser Zeit schrieb er die „Livländische Chronik", die erste Landesgeschichte aus der Feder eines Einheimischen. Der Schriftsteller Jaan Kross hat ihm später in einem seiner Romane ein Denkmal gesetzt.

Publikationen der Epoche waren estnische Sprachbücher für deutsche Pastoren.

Geburtsstunde der Literatur

Mitte des 19. Jahrhunderts wurde die traditionelle Kultur neu belebt und eine eigenständige Literatur entwickelt. Die Bewegung ist als estnische Aufklärung bekannt. Ihre Basis bildete der Schatz an Mythen und Sagen. Dabei war die Herausgabe des Kalevipoeg-Epos durch Friedrich Reinhold Kreutzwald das wichtigste Ereignis. Neben Kreutzwald machte sich vor allem der Pastor und Sprachforscher Jakob Hurt (1839–1907) als Sammler und Herausgeber der estnischen Volksdichtung verdient. Er gründete zudem den „Estnischen Literärischen Verein". Seine Motivation faßte er einmal folgendermaßen zusammen: „Wir können nicht groß in der Zahl werden, werden wir also groß im Geiste."

Inspiriert von diesem Anspruch begann sich eine eigenständige estnische Literatur zu etablieren. Neben dem Patriotismus war die Verbundenheit mit der Natur und das Leben der Menschen auf dem Lande ein häufig wiederkehrendes Motiv in den Werken. Friedrich Robert Faehlmann (1798–1850) und Lydia Koidula (1843–1886) sind weitere prägende Persönlichkeiten aus dem Beginn dieser Epoche. Koidula war eine bedeutende Lyrikerin und als Verfasserin von Dorfkomödien die Begründerin des estnischen

Dramas. Trotz ihres frühen Todes spielte sie auch eine wichtige Rolle in der estnischen Nationalbewegung. Nach ihr traten eine Reihe von Dichterinnen in Erscheinung wie zum Beispiel Anna Haava (1864–1957), Marie Under (1883–1980) und Betty Alver (1906–1989). Der zeitgenössische estnische Autor Ain Kaalep behauptet über die schreibenden Frauen sogar: „Ließe man alle männlichen Dichter der estnischen Literaturgeschichte außer acht, wäre es zwar ein großer Verlust, aber die Dichtung als solche bliebe bestehen; verführe man mit den Frauen gleichermaßen, bliebe von der estnischen Dichtung fast gar nichts mehr übrig." (Maess/Von Engelhardt 1992, S. 163)

Das Zentrum der kulturellen Bewegung war Tartu (Dorpat). An der dortigen Universität absolvierten nahezu alle einheimischen Intellektuellen ihre Ausbildung und gewannen dort ein nie gekanntes Selbstbewußtsein. Bernd Nielsen-Stokkeby beschreibt in seinen „Baltischen Erinnerungen" einen amüsanten Dialog, der dies dokumentiert, selbst wenn er erfunden ist: „In einem bekannten Dorpater Restaurant treffen zwei farbentragende Studenten aufeinander, ein adeliger Deutscher und ein Este bäuerlicher Herkunft. Der Deutsche: ‚Herr Kommilitone, man sagt, wir hätten Ähnlichkeit miteinander. War nicht Ihre Mutter Stubenmädchen auf unserem Gut?' Darauf der Este: ‚Das nicht, Herr Kommilitone. Aber ich weiß, daß mein Vater vorübergehend Kutscher Ihrer Mutter war.'" (Nielsen-Stokkeby 1990, S. 84)

Nicht zuletzt dank der Förderung durch estophile Deutsche, die sich in der „Gelehrten Estnischen Gesellschaft" zusammenfanden, aber auch aufgrund des eigenen nationalen Aufbruchs stellten die Esten seit den 70er Jahren des 19. Jahrhunderts das Hauptkontingent der Lehrer, Pastoren und Ärzte. Diese einflußreichen Berufe waren zuvor überwiegend in der Hand der Deutschen. Viele gebildete Esten betätigten sich neben ihrem eigentlichen Beruf als Dichter. Dabei griffen sie die Probleme der einfachen Bevölkerung auf und fungierten als deren Sprachrohr. Auch Kreutzwald war im Hauptberuf Arzt. Die Entwicklung förderte den Aufbau von Dorfschulen und Gymnasien, in denen Estnisch Unterrichtssprache war.

Der Zarenhof erkannte bald die Gefahr, die für die russische Herrschaft von dem kulturellen Aufbruch ausging. Repressive Universitätsgesetze aus dem Jahr 1884 trafen Tartu deshalb be-

Die Nationalfahne und ihre Symbolik

Aus der Zeit der estnischen Aufklärung stammt auch die blau-schwarz-weiße Nationalfahne. Der estnische Studentenverband, eine der wichtigsten Organisationen der nationalen Bewegung, hatte die Farben 1881 erstmals übernommen; im Laufe der Zeit wurden sie zum Symbol des ganzen Volkes. Blau signalisiert die Hoffnung, schwarz die Erde und weiß die Reinheit.

sonders hart. So wurde die demokratische Wahl des Rektors abgeschafft und Russisch als erste Unterrichtssprache vorgeschrieben. Der estnischen Nationalbewegung konnten die Verordnungen indes wenig anhaben, war sie doch inzwischen zu einem festen Bestandteil der Gesellschaft geworden. Bemerkenswerterweise war Tartu übrigens 1988 die erste Universität im sowjetischen Machtbereich, die eine freie Rektorenwahl durchsetzte. Auch sonst gingen und gehen von Tartu wichtige politische und kulturelle Impulse aus.

Um sich gegen die Russifizierung zu wehren, entstanden neue Organisationen, darunter die Bewegung *Noor-Eesti* (Jung-Estland), aus der bedeutende Literaten hervorgingen wie zum Beispiel Anton Hansen Tammsaare (1878–1940), der als wichtigster Dichter während der ersten Unabhängigkeit gilt. *Noor-Eesti* gehörten aber nicht nur Schriftsteller, sondern auch Maler und Bildhauer an. Die Gruppe orientierte sich an Skandinavien und Frankreich, wodurch Einflüsse des Impressionismus und Symbolismus in die estnische Kunst gelangten. Aus der politisch-kämpferischen Bewegung *Noor-Eesti* heraus entstand am Ende des Ersten Weltkriegs, als die Zarenherrschaft zusammengebrochen war, der Literatenzirkel *Siuru,* in dem Marie Under eine wichtige Rolle spielte. *Siuru* propagierte neben der politischen auch die persönliche Emanzipation. Die Aktivisten griffen unter anderem erotische Themen ungewohnt offen auf und lösten manchen Skandal aus. Die Epoche der Unabhängigkeit war eine Blütezeit der estnischen Literatur, in der 30000 Buchtitel erscheinen konnten. Im April 1923 wurde zudem die älteste Literaturzeitschrift des Landes, *Looming,* begründet, die selbst die sowjetische Zeit überstanden hat. Während der Besetzung flohen viele Autoren nach Nord- und Westeuropa, andere verschwanden in Sibirien.

Unter der Zensur

Nach der Unterwerfung des Landes durch die Rote Armee 1944 verschlechterten sich die Bedingungen für eine künstlerische Betätigung in allen Bereichen. Bereits Lenin hatte gefordert: „Die Literatur muß ein Teil der gemeinsamen sozialistischen Sache werden." Damit hatten sich die estnischen Schriftsteller, wie alle anderen Literaten im sowjetischen Machtbereich einschließlich der Russen, dem „sozialistischen Realismus" unterzuordnen. Das bedeutete im wesentlichen:

1) Parteilichkeit im Sinne der KPdSU,
2) Denken in historischen Kategorien,
3) Verbundenheit mit dem, was die Partei für „das Volk" hielt,
4) Sozialistischer Humanismus.

Über die allgemeinen Normen hinaus traf die estnischen Schriftsteller noch eine spezifische Einschränkung: die verordnete Orientierung an Rußland. Örtliche Funktionäre hielten den Literaten das russische Beispiel als leuchtendes Vorbild vor Augen. Auf der anderen Seite gab es aber auch einheimische Kommunisten, die der Kunst kleinere Freiräume zugestanden, solange sie unpolitisch blieb.

In den ersten Jahren nach der Besetzung herrschte der literarische Kahlschlag. Die stalinistischen Behörden vernichteten zwischen 8 und 10 Millionen Bücher, die in der produktiven Zwischenkriegszeit auf den Markt gekommen waren. Wer dabei erwischt wurde, unerwünschte estnische Literatur zu besitzen, konnte mit fünf Jahren Arbeitslager bestraft werden. 1952 waren nicht mehr als drei literarische Werke in estnischer Sprache offen zugänglich. Nach Stalins Tod 1953 lockerte sich die Zensur allmählich.

Die neue zeitgenössische Schriftstellergeneration war maßgeblich von den Erfahrungen des Krieges und der Repression geprägt. Schon vor der Gorbatschow-Ära war es ihr möglich, gesellschaftskritische Werke herauszubringen und als Ventil für die Unzufriedenheit der Bevölkerung gegenüber der Partei zu fungieren. Die Zensur wurde häufig dadurch überlistet, daß die Kritik in historischer Verkleidung erschien. Das bekannteste Beispiel dafür ist das Werk von Jaan Kross.

Jaan Kross

Jaan Kross

Am 19. Februar 1920 wurde in Tallinn Jaan Kross, der große alte Mann der estnischen Nachkriegsliteratur, geboren. 17 Tage zuvor hatte die Sowjetunion im Frieden von Tartu die Unabhängigkeit des Landes anerkannt. Die Vermutung, daß Kross' Schicksal deshalb so eng mit den politischen Ereignissen verknüpft ist und er nie ein bloßer Literat war, ist vielleicht etwas weit hergeholt. Dennoch drängen sich die Parallelen auf. Der Sohn eines gutsituierten Handwerksmeisters ging 1928 auf das angesehene „Jakob-Westholmsche Privatgymnasium für Knaben", wo er eine fundierte Ausbildung erhielt. Er lernte unter anderem Latein, Deutsch, Schwedisch, Französisch und Englisch. Nach dem Schulabschluß schrieb er sich an der juristischen Fakultät der Universität Tartu ein. Im April 1944 wurde er von den Deutschen kurz vor deren Rückzug verhaftet. Er überlebte den Nazi-Terror und arbeitete unter der sowjetischen Besetzung sogar kurzzeitig als Assistent für Staatsrecht an seiner alten Wirkungsstätte. Im Januar 1946 fiel er jedoch auch in Moskau in Ungnade und wurde – wie Zehntausende seiner Landsleute – nach Sibirien verbannt. Erst nach Stalins Tod konnte er im Sommer 1954 wieder in seine Heimatstadt zurückkehren.

Die Juristerei nahm Kross nicht wieder auf, er konzentrierte sich vielmehr auf das, was seine eigentliche Begabung war, die Schriftstellerei. Sein Handwerkszeug ist traditionell; er benutzt die epische Erzählweise, die er wortgewandt, stilsicher und facettenreich beherrscht. Der Inhalt seiner Werke spielt in der Geschichte, zumindest auf der äußeren Handlungsebene. Kross bedient sich interessanter Gestalten aus der Vergangenheit seines Volkes, so des Chronisten Balthasar Russow, des Malers Michel Sittow oder des Generals Johann von Michelson. Bereits mit dieser Themenauswahl entzog sich der Autor den sowjetischen Forderungen, nicht Individuen, sondern die „Volksmassen" in den Mittelpunkt zu stellen. Sein bekanntestes Werk „Der Verückte des

Zaren“ vereint ebenfalls einen großartigen historischen Hintergrund mit subtiler Zeitkritik. Es ist die authentische Geschichte des baltendeutschen Adeligen Timotheus von Bock, erzählt aus der Perspektive seines estnischen Schwagers. Von Bock macht als Offizier in der russischen Armee Karriere und steigt zum Adjutanten und Vertrauten von Zar Alexander I. auf. Den ersten Bruch mit der Konvention begeht er, als er eine estnische Bauerntochter heiratet. Folgenschwerer ist der zweite: Er glaubt das Vertrauen des Zaren zu genießen und verfaßt deshalb ein Memorandum, in dem er die Mißstände im Reich anprangert und die Utopie einer demokratischen Gesellschaft entwirft. Damit hat er die Loyalität des Zaren überschätzt. Er wird verhaftet und verbringt neun Jahre in Einzelhaft. Nach seiner Entlassung wird er für verrückt erklärt, muß auf seinem Gut bleiben und wird dort – vermutlich von einem Spitzel – erschossen.
Vielsagend erklärte Kross zu dem Roman: „Einem Leser, der Allegorien zu Stalin finden will, dem würde ich es gestatten.“ Dies war Kross' Art des Protestes. Exilesten hielten ihm bisweilen zu große Kompromißbereitschaft vor. Sie vermißten schärfere antirussische Töne bei dem Vorzeigeliteraten. Er hat seinerseits wohl auch seine im Exil lebenden Landsleute nicht sonderlich geschätzt: „Ins Ausland gehen nur die, die sich rächen wollen ... Wer etwas Wesentlicheres erreichen will, bleibt zu Hause“, meinte er einmal in einem Interview.
Seine Antwort auf die lebenslange Auseinandersetzung mit den Themen Gewalt und Widerstand findet sich im „Verrückten des Zaren“: Der kompromißlose Widerstand wirkt selbstzerstörerisch. Die völlige Anpassung – etwa eines Spitzels – führt zu Selbstverrat und Verbrechen. Die Gratwanderung dazwischen ist sein Weg. Im Gegensatz zu Lennart Meri und anderen Kollegen hielt er sich aus der direkten politischen Betätigung zumeist heraus. Die Aktivisten der Volksfront ließ er Ende der 80er Jahre wissen: „Unsere Chance ist, uns nicht provozieren zu lassen.“
In seinen letzten Werken hat sich Jaan Kross der Gegenwart immer mehr angenähert. So hat er auch seine eigene Gefangenschaft und Rückkehr in den Novellen „Tag der Erkenntnis“, „Die Verschwörung“ und „Der Aschenbecher“ literarisch aufgearbeitet.
Immer wieder wurde Jaan Kross für den Literaturnobelpreis ins Gespräch gebracht. Eine solche Ehrung des überaus populären Autors hätte für das ganze Volk, das so lange um seine Identität ringen mußte, eine besondere Bedeutung. Auch wenn ihm diese höchste literarische Weihe möglicherweise versagt bleiben wird, zeugen neben zahlreichen anderen Auszeichnungen die Ehrendoktortitel der Universitäten Tartu und Helsinki von seinem Ansehen.

Die Sängerfeste

Die nationale Emanzipationsbewegung in der zweiten Hälfte des 19. Jahrhunderts nahm ihre eigenen Grundsätze durchaus ernst. Das Volk sollte nicht nur Adressat, sondern aktiver Teil der kulturellen und politischen Betätigung sein. In der Musik ließ sich dies am leichtesten verwirklichen. Nicht umsonst sagt ein altes Sprichwort: „Wenn die Esten in Not sind, fangen sie an zu singen." In einer Zeit der politischen Fremdbestimmung erschien es wichtig, diesem Bedürfnis einen organisatorischen Rahmen zu geben. So gründete der Journalist und Kunstförderer Johann Voldemar Jannsen 1865 in Tartu den Verein *Vanemuine*. Ziel war es, Vorträge außerhalb der akademischen Zirkel zu veranstalten und zum gemeinsamen Singen anzuregen. Jannsen war übrigens der Vater der Dichterin Lydia Koidula.

Vom 18.–21. Juni 1869 lud *Vanemuine* zu einem Sängerfest ein, das inzwischen zum zentralen Ereignis des kulturellen Lebens in Estland geworden ist. Was auf den ersten Blick wie eine unpolitische Kulturveranstaltung aussah, entpuppte sich bei näherem Hinsehen als recht brisantes Unterfangen. Schon der Termin war nicht zufällig gewählt: Es war der 50. Jahrestag der Befreiung von der Leibeigenschaft. Die Organisatoren legten Wert darauf, daß Bauern- und Kirchenchöre aus abgelegenen Gebieten das Programm mitgestalteten. So fanden sich schließlich 845 Sänger in Tartu ein, die vor etwa 12000 Menschen drei Tage lang eine Probe ihres Könnens abgaben. Die Zustimmung war so überwältigend, daß eine Wiederholung unvermeidlich war. Die ersten Feste fanden zunächst in zehnjährigem, später dann in fünf- oder vierjährigem Abstand statt. Außerdem verlegte man den Austragungsort nach Tallinn, und auch Frauen- und Kinderchöre wurden zugelassen. Schließlich nahmen Lettland und Litauen die Initiative aus Tartu mit ebensoviel Resonanz auf.

Im Laufe der wechselvollen Geschichte waren die Sängerfeste immer auch ein Spiegelbild der politischen Situation. In den letzten Jahren der Zarenherrschaft durften sie kaum mehr stattfinden, weil die einheimische Sprache verboten war. Während der stalinistischen Ära standen die Veranstaltungen im Zeichen der sowjetischen Propaganda, und russische Soldatenchöre bestritten einen großen Teil des Programms. In der Epoche der großen

Stagnation unter Breschnew boten die Feste nahezu die einzige Möglichkeit sich auszudrücken, auch wenn die Beiträge nicht besonders kämpferisch oder patriotisch sein konnten.

Zum letzten Sängerfest vor der Wiedererlangung der Unabhängigkeit im Juli 1990 kamen 300000 Zuhörer zusammen. Es war insgesamt das 21. und eine machtvolle politische Demonstration. Zum ersten Mal seit dem Zweiten Weltkrieg konnte die Nationalhymne wieder gesungen werden, die Nationalfarben und -fahnen prägten das Bild, und die Menschen ließen ihren Freudentränen freien Lauf. Das folgende Fest vom 1.–3. Juli 1994 half den Menschen, den schwierigen Alltag für ein paar Tage zu vergessen. Mit 334000 Sängern wurden alle vorherigen Dimensionen übertroffen.

Pop und Folklore im Widerstand

Die Sängerfeste waren nicht das einzige Beispiel für die Musik als Spiegelbild der Gesellschaft, bzw. als Freiraum für Protest. Während der Unabhängigkeit eröffnete nicht nur die Literatur, sondern auch die Musik den Frauen Möglichkeiten für eine selbständige Entwicklung. 1928 gründeten Musikstudentinnen in Tartu die erste weibliche Verbindung, *Fidentia*. Bis zur sowjetischen Besetzung zählte die Gruppe 140 Frauen, von denen die Hälfte dann ins Exil ging. Unter der Herrschaft Moskaus hatte auch die Musik der sozialistischen Idee zu dienen. Alles, was nicht die „Kampfbereitschaft der Arbeiterklasse" förderte, war verpönt. In der Breschnew-Ära erkannte die Regierung Unterhaltungsmusik erstmals als Teil des gesellschaftlichen Lebens an. Den Esten wurde der schmale Rahmen der staatlich geduldeten Musik jedoch schon bald zu eng. Neben der Folklore entwickelte sich die Popmusik zu einem Ventil für das Aufbegehren gegen die herrschenden Bedingungen.

In den 60er Jahren nahmen viele Jugendliche die musikalische Protestbewegung aus den USA und Westeuropa begeistert auf. Schallplatten gelangten über heimliche Kanäle ins Land, örtliche Gruppen studierten die Musik ein und paßten sie ihren Verhältnissen an. Zunächst waren englische Texte populär, später schufen die Gruppen Protestlieder in ihrer eigenen Sprache.

Ähnlich wie in Westeuropa bildete sich um die Musik herum eine ganze Bewegung. Ideale der Hippiekultur wie zum Beispiel

Gewaltfreiheit, Kriegsdienstverweigerung, die für junge Männer in der Sowjetunion mit drakonischen Strafen verbunden war, Rückkehr zum natürlichen Leben auf dem Lande sowie Vegetarismus wurden auch unter jungen Esten populär und von den staatlichen Behörden mit äußerstem Mißtrauen beobachtet. Hausdurchsuchungen und andere Repressionen gegen bekannte Aktivisten waren an der Tagesordnung.

Gerade die Musiker traf die ganze Willkür der nachstalinistischen Ordnung. Diffamierende Leserbriefe im Anschluß an Konzerte – möglicherweise vom Geheimdienst selbst initiiert – reichten, um die Aktionsfreiheit einer Gruppe einzuschränken, sie mit Auftrittsverbot zu belegen oder gar ganz aufzulösen. Kam es während oder nach einem Konzert zu Ausschreitungen der Zuhörer, nützte es der Gruppe nichts, beruhigend auf die erhitzten Gemüter eingewirkt zu haben; es war im allgemeinen ihr letztes Konzert. Die Texte behandelten häufig nicht einmal nationale Themen – so weit wagte sich bis in die Gorbatschow-Ära niemand vor –, sondern hatten Probleme wie Umweltzerstörung, den verhaßten Krieg in Afghanistan, die Isolation des einzelnen und die Perspektivlosigkeit angesichts der sich verschlechternden Wirtschaftslage zum Inhalt.

Die Folklore-Gruppen waren den Behörden verdächtig, weil sie als Hort nationaler Ideen galten und somit ein Hindernis auf dem Weg zum „Sowjetmenschen“ darstellten.

Die Entwicklung der Malerei

Vordergründig betrachtet haben die Malerei und die bildende Kunst einen geringeren Beitrag zur nationalen Emanzipation geleistet. Unter der deutschen und russischen Herrschaft konnte sich die alte Volkskunst nur schwer behaupten. Viele Maler sicherten sich ihre Existenz durch Auftragsbilder für Großgrundbesitzer, Ratsherren oder sonstige Honoratioren. Das Ergebnis waren vor allem heroische Portraits oder Landschaftsbilder. Es dauerte ohnehin bis zur Mitte des 19. Jahrhunderts, bevor sich estnische Maler zu ihrer Identität bekannten. Der erste große Name ist Johann Köler (1826–1899), ein Bauernsohn aus Viljandimaa, der sieben Jahre in St. Petersburg gelernt hatte. Viele Maler der Anfangszeit griffen Motive aus dem „Kalevipoeg-Epos“

auf, so Oskar Kallis (1882–1917), Nikolai Triit (1884–1940) und Kristjan Raud (1865–1943). Letzterer war mit seinem Zwillingsbruder Paul einer der wichtigsten Wegbereiter der eigenständigen estnischen Malerei und Bildhauerei. 1914 wurde in Tallinn die städtische Kunstgewerbeschule gegründet. 1920 ging sie in staatliche Hand über. Tartu mochte da nicht nachstehen und eröffnete 1919 die Hochschule der Bildenden Künste „Pallas". Im selben Jahr wurde auch das estnische Kunstmuseum eingeweiht. Die Künstler in Tartu waren im allgemeinen offener für neue Ideen und experimentierfreudiger. Um die Hochschulen herum entstanden Kunstvereine und -zirkel. Einflüsse aus Deutschland und Frankreich wurden aufgenommen und in die eigene Stilrichtung integriert.

Mit der sowjetischen Besetzung wurden die Verbindungen zu den Kunstmetropolen Westeuropas abgeschnitten. Zudem mußten sich auch Maler, Bildhauer und Schauspieler dem „Dienst an der Arbeiterklasse" unterordnen, was die Kreativität nicht gerade förderte.

Am Ende der Sowjetherrschaft hatte sich jedoch wieder eine eigenständige Malerei entwickelt, die ähnliche Themen aufgriff wie die Popmusik: Antikriegsbilder, Hilferufe des Individuums in einer lebensfeindlichen Umgebung und andere Motive bewegten die Künstler. Das große Potential der estnischen Malerei dokumentieren die zahlreichen Galerien in den größeren Städten. Die Palette umfaßt moderne Darstellungsformen ebenso wie traditionelle Landschaftsmalerei. Junge Künstler bieten außerdem dort, wo sich bevorzugt Touristen aufhalten, Zeichnungen der beliebtesten Sehenswürdigkeiten an. Diese Art der „Souvenirmalerei" wird mancherorts bereits als Bestandteil der Volkskultur betrachtet.

Insgesamt sind die Bedingungen für die Künstler seit der Unabhängigkeit schwieriger geworden. Unter der offenen Repression hatten sie die Solidarität der Menschen erfahren und diesen ihrerseits ein Ventil für subtilen Protest geboten. Heute diktieren die leeren Staatskassen das Geschehen, weshalb viele Subventionen für Theater und Kunstakademien gestrichen wurden. Auch haben die meisten Menschen andere Sorgen als Kunstwerke zu erwerben; zumal die Neureichen ihr Geld lieber in einen Luxuswagen investieren.

Die neue Literatur

Wichtige Namen der zeitgenössischen Literatur sind Arvo Valton (geb. 1935), Mati Unt (geb. 1944), der eigentlich Theaterregisseur ist, Asta Poldmäe (geb. 1944), Maimu Berg (geb. 1945) und Viivi Luik (geb. 1946). Viele ihrer Werke sind ins Deutsche übersetzt worden. In den 70er Jahren gab es bereits einige DDR-Verlage, die estnische Literatur dem deutschsprachigen Publikum zugänglich machten. Inzwischen haben sogar die großen Belletristik-Verlage einige estnische Autoren in ihr Programm aufgenommen. Insbesondere der Buchvertrieb „Mare Balticum" in Köln und die 1991 gegründete „Estnische Bibliothek" des dipa-Verlages in Frankfurt sorgen dafür, daß auch weniger berühmte Schriftsteller hierzulande bekannt werden. Wie in der Zwischenkriegszeit orientieren sich viele Literaten ihrerseits nach Westen und Norden, was sich unter anderem in der Gründung einer Goethe-Gesellschaft am 22. März 1988 in Tartu zeigt.

Als Grundströmung tritt bei vielen heutigen Autoren erneut eine melancholische Naturverbundenheit hervor, die schon die Anfänge der estnischen Literatur gekennzeichnet hatte. Für diese Tradition steht vor allem Asta Poldmäe. „Aus Asta Poldmäes Stil spricht die ganze finnougrische Wortkargheit. Da schweigt ein Buch auf hohem künstlerischen Niveau", urteilt „Mare Balticum" über ihre Erzählsammlung „Die Erde unter den Städten". Auch ist der Rückgriff auf die Geschichte noch immer beliebt, um aktuelle Themen aufzugreifen. Der Roman „Barbara von Tisenhusen" der Autorin Maimu Berg ist ein Beispiel dafür. Die Titelheldin, eine baltendeutsche Adelige, wird von ihren eigenen Angehörigen ertränkt, weil sie sich über die gesellschaftlichen Konventionen hinwegsetzt und einen Bürgerlichen heiraten will.

Doch es gibt auch andere Richtungen. Befreit von politischen Zwängen und der Notwendigkeit, die Zensur auszutricksen, können die Autoren experimentieren und neue Themen aufgreifen. Das Buch „Als Frau geboren" von Kati Murutar rief wegen seiner sexuellen Freizügigkeit ähnlich kontroverse Reaktionen hervor wie Publikationen der Gruppe *Siuru* zu Beginn des Jahrhunderts. Auch Homosexualität oder Drogen sind für die junge literarische Generation kein Tabu mehr. Manche Schriftsteller wie Valton oder Unt bevorzugen Skurriles und Groteskes. So schreibt

Unt in seinem Buch „Reden und Schweigen“ (Estnische Bibliothek, Frankfurt am Main 1992) über die „Gattung Mensch“: „Es ist auch gut so, daß sie nicht reden, beschloß er energisch. Wenn ich sie auf der Straße treffe, habe ich immer ein bißchen Angst, sie könnten den Mund aufmachen. Schon das erste Wort kann den Gesamteindruck zerstören.“

Das Prinzip Hoffnung: Alltag

Glitzernde Fassaden

Urteilt man nach dem Äußeren, so hat sich das Leben zumindest in den Städten innerhalb kurzer Zeit grundlegend geändert. Wo einen noch zu Beginn der 90er Jahre Läden mit leeren Regalen und einem ausgesprochen desinteressierten Verkaufspersonal empfingen, steht die Auslage heute keinem westeuropäischen Einkaufszentrum nach; die Preise allerdings auch nicht. Egal ob es sich um Nahrungsmittel, Elektrogeräte, Textilien, Bücher und Zeitschriften oder andere Produkte handelt, motivierte Verkäufer geben fachkundig Auskunft und sind auch gern zu einem kleinen Plausch bereit, wenn es der Andrang im Laden zuläßt. Wo in den Straßen alte Fassaden zum Schauen einluden und neue aus Beton das beklemmende Gefühl des Großstadtdschungels sozialistischer Prägung verbreiteten, leuchten heute Reklametafeln mit bekannten Marken. Die Kommerzialisierung ist eines der offenkundigsten Phänomene im neuen, unabhängigen Estland. Auch die Menschen scheinen davon erfaßt, was sich zum Teil in ihrer modischen Kleidung äußert. Offene Armut dagegen ist selten. Nicht wenige noble Restaurants und Bars versuchen mit teils schrillen, teils dezenten Lichtreklamen die Aufmerksamkeit auf sich zu ziehen. Die obligatorische Anmeldung, die nicht einmal Garant war, wirklich einen freien Tisch zu bekommen, ist nur noch Erinnerung. Statt der früher unvermeidlichen Kartoffel- und Schweinefleischgerichte hat die Auswahl heute internationalen Standard. Gänzlich neu ist auch die Offenheit, mit der das boomende Rotlichtmilieu für seine Angebote wirbt.

Selbst im öffentlichen Dienstleistungsbereich wie bei der Post oder am Bahnhof, beim Zoll und an den Grenzübergängen weht der neue Geist. Keine mürrischen Blicke mehr, die einem das Gefühl vermitteln, daß die verkaufte Briefmarke oder der Stempel im Paß eine ganz und gar unverdiente Gnade waren; keine Notwendigkeit mehr, dem Kunden die eigene Macht durch schlichte Ignoranz zu demonstrieren.

Der Individualverkehr hat sichtbar zugenommen, und die Palette der Automarken ist deutlich größer geworden. Ein Wartburg oder ein alter Lada würden in Tallinn inzwischen mehr Verwunderung hervorrufen als ein Ford oder VW. Auch Luxuswagen sind keine Seltenheit mehr. Angesichts des Preis- und Lohnniveaus zählt dies zu den unerklärlichsten Phänomenen.

In den ländlichen Gegenden ist häufig noch alles beim Alten. Ein bis zwei Fahrstunden von Tallinn entfernt kann man auf Dörfer treffen, deren Bewohner noch weitgehend von einer kargen Subsistenzwirtschaft leben. Bezahlte Arbeit gibt es vielfach nicht, und nur wenn Einheimische in der Hauptstadt oder im Ausland ihr Glück gemacht haben, fließt Geld ins Dorf.

Disziplin und Improvisationsgeist

Mitentscheidend für den Erfolg des estnischen Experiments der schnellstmöglichen und kompromißlosen Privatisierung ist die Haltung der Menschen. In der Mehrzahl akzeptieren sie nicht nur die unvermeidlichen sozialen Einschnitte; sie haben auch eine bemerkenswerte Motivation, selbst am Neuaufbau beteiligt zu sein. Die neue Mentalität hat viel mit dem zu tun, was häufig als „amerikanischer Traum" bezeichnet wird: Zwar gelingt es nur relativ wenigen, wirklich wohlhabend zu werden, aber viele können davon träumen und streben danach. Das hilft ihnen, Entbehrungen zu ertragen und diszipliniert zu arbeiten. Wirtschaftsexperten beziffern den Anteil einer gutsituierten und kaufkräftigen Mittelschicht auf etwa 15%, und viele versuchen, dorthin zu kommen. Ein Problem sind allerdings die Mafiabanden, die von Laden- und Restaurantbesitzern erhebliche Schutzgelder erpressen. Bei Säumigkeit schrecken sie vor der Zerstörung der Einrichtung oder sogar Mord nicht zurück. Die Mehrheit der Bevölkerung ist überzeugt davon, daß die Banden russischen Ursprungs sind; eine Vermutung, die nicht von der Hand zu weisen ist. Der einzige Schutz dagegen sind private Sicherheitsdienste, die allerdings ähnlich teuer kommen. Die Polizei ist mit dem Vorgehen gegen die Mafia völlig überlastet.

In Gesprächen hört man trotz der Schwierigkeiten selten Jammern und Klagen. Zumindest innerhalb des estnischen Bevölkerungsteils sehnt kaum jemand die Zeiten zurück, in denen die Grundbedürfnisse zwar leichter befriedigt werden konnten, die soziale Fürsorge jedoch die eigene Initiative sowie die politischen Freiheiten ersetzte. Die Menschen versuchen sich zu arrangieren und das Beste aus der Lage zu machen. Durch den privaten Anbau von landwirtschaftlichen Produkten schafft sich jeder, der nur kann, Entlastung für den Einkauf in den Supermärkten. Ist die Ernte größer als der eigene Bedarf, wird der Überschuß auf einem der zahlreichen Märkte angeboten, egal wie gering er sein mag; etwas Geld springt immer dabei heraus. Erstaunlich viele Städter besitzen ein kleines Haus auf dem Land, das früher eher der Erholung diente und heute ein wesentlicher Bestandteil der wirtschaftlichen Selbstversorgung ist.

Wer Verbindungen zum Ausland unterhält, ist gut dran; wer noch nicht so weit ist, versucht Kontakte zu knüpfen. Das britische „Bed and Breakfast"-Modell wurde in kurzer Zeit zum Bestandteil des Billig-Tourismus. Familien, die noch nie mit dem Fremdenverkehr zu tun hatten, aber Betten zur Verfügung stellen können, bieten diese für ausländische Gäste an. Dabei wird in der Regel ein freundlicher und qualifizierter Service geboten, der diese Art des Reisens sehr beliebt gemacht hat.

Diskussionen über die Verringerung der Arbeitszeit würde niemand verstehen; im Gegenteil, viele versuchen, neben ihrer eigentlichen Beschäftigung Aushilfsstellen zu bekommen, um dadurch das Einkommen zu erhöhen. Die 60-Stunden-Woche ist für viele Arbeiter, Manager und Unternehmer eine Selbstverständlichkeit. Zu der Stimmung im Land paßt auch, daß nur etwa 20% der Arbeiter gewerkschaftlich organisiert sind. Diese für ein freies Land unvergleichlich niedrige Rate erklärt sich nicht nur aus der Abgrenzung zur Sowjetzeit, als die Einheitsgewerkschaft für alle obligatorisch war. Die Menschen setzen eher auf sich als auf eine Solidargemeinschaft. Bettlern, die es nicht schaffen, ihre Grundbedürfnisse auf andere Art zu decken, ist die Scham darüber so deutlich wie kaum irgendwo auf der Welt anzusehen. Ein Blickkontakt kann zur Qual werden.

Beengte Wohnverhältnisse

Viele Menschen, die in den Straßen in eleganter Kleidung und mit einem optimistischen Lächeln anzutreffen sind, wären nicht erfreut darüber, Fremde in ihre Wohnung einladen zu müssen. Das hat nichts mit mangelnder Gastfreundschaft zu tun, sondern damit, daß der private Bereich häufig relativ einfach ausgestattet ist. Die Diskrepanz ist den Menschen schmerzlich bewußt. Unter der sowjetischen Besetzung standen jedem Familienmitglied 5 m² Wohnfläche zur Verfügung. Wer diese bescheidene Norm überschritt, hatte keine Chance, auch nur auf die Liste der Wohnungssuchenden zu gelangen, die Voraussetzung für eine neue Bleibe. Als Entschädigung für die Enge waren die Mieten ausgesprochen niedrig.

1991 gehörte der Immobilienmarkt zwar zu den ersten Bereichen, die privatisiert wurden, doch die Mehrheit profitiert nicht von der neuen Freiheit. Wer alle Energie und das meiste Geld zur Deckung der Grundbedürfnisse aufbringen muß, kommt nicht auf die Idee, eine andere Wohnung zu suchen. Allein die neue Mittelschicht kann sich das erlauben. So lebt die Mehrzahl der städtischen Bevölkerung – Esten wie Russen – nach wie vor in Wohnsilos am Rande der größeren Städte. Um jedoch auch diese Apartments zu privatisieren, hat die Regierung ein ungewöhnliches Modell geschaffen. Einwohner mit Staatsbürgerschaft haben die Gelegenheit, für jedes Arbeitsjahr einen m² Wohnfläche gutgeschrieben zu bekommen, der einem festgelegten Wert von 300 Kronen entspricht. Wer also zwanzig Jahre gearbeitet hat, hat Anspruch auf 20 m²; ist die Wohnung größer, muß man den Rest bar bezahlen oder warten, bis die Arbeitszeit der Wohnfläche entspricht.

Dennoch hat auch dieses System der Privatisierung keinen besonderen Schub verliehen, da die Plattenbauten der Siedlungen Lasnamäe, Mustamäe, Lilleküla und Nomme um Tallinn herum nicht gerade begehrt sind. An ihnen scheint die Entwicklung der letzten Jahre spurlos vorübergegangen zu sein. Die Lebensbedingungen sind zumeist noch schlechter als in den Trabantenstädten westeuropäischer Metropolen. Kinderspielplätze haben Seltenheitswert; für die Jugendlichen beschränkt sich das Freizeitangebot auf ein Kino und bisweilen eine Diskothek. Das Fernsehen ist deshalb häufig die beliebteste Art der Zerstreuung. Neben Billigserien aus Asien und den USA erfreuen sich Rateshows einer großen Popularität, immer unterbrochen von ausführlichen Werbeblocks. Die Kommerzialisierung des Fernsehens wird vor allem von ausländischen Unternehmen betrieben. Populäre Sender wie EVTV und Kanal Kaks gehören schwedischen oder amerikanischen Mediengruppen. Die staatliche Anstalt ER hat es schwer, sich gegen die Konkurrenz zu behaupten. In den Kinos dominieren ebenfalls westliche Produktionen deren Ästhetik und Handlung häufig von ausgesprochener Scheußlichkeit und Brutalität sind. Etwa 60% der Filme kommen aus den USA, gefolgt von Frankreich und Deutschland.

Alkoholkonsum und Gewalt sind die zwangsläufigen Folgen der unbefriedigenden sozialen Situation. Bei kleineren Delikten wie zum Beispiel Diebstahl bemüht sich kaum mehr jemand, die Polizei einzuschalten. Familien, die im Stadtkern leben, sind etwas besser dran. Die geräumigen Altstadtwohnungen teilen sich noch immer mehrere Generationen. Für viele Mieter brachte die Unabhängigkeit indes ein neues Problem. Die Wohnungen in der Stadt gehörten häufig Personen, die nach der sowjetischen Besetzung das Land verlassen haben oder umgebracht worden sind. Deren Nachkommen machen nun alte Besitzansprüche geltend, die vom estnischen Staat anerkannt werden. Als Kompromiß gilt die Regel, daß die Mieter fünf Jahre Zeit haben, sich eine neue Unterkunft zu suchen. Dann steht die Wohnung den alten Eigentümern oder deren Erben zur Verfügung.

Esten und Russen

In nahezu allen Familien geht die Frau einer bezahlten beruflichen Tätigkeit nach. Das erfordert schon die wirtschaftliche Lage. Der Beruf bedeutet für die Frauen neben einer gewissen Unabhängigkeit auch eine zusätzliche Belastung. Haushalt und Kinder warten nach Feierabend, sofern nicht Mutter oder Schwiegermutter zur Seite stehen. Estnische Männer, die Hausarbeit verrichten, sind eher die Ausnahme. Bisweilen sieht man jedoch Männer in Parkanlagen, die stolz ihre Kleinkinder spazierenfahren. Vielleicht signalisiert dies einen allmählichen Wandel hin zu mehr Verantwortung in den Familien. Die estnische Küche hat viel von der skandinavischen und norddeutschen übernommen. Sie zeichnet sich nicht gerade durch fremde Spezialitäten aus. Fisch-, Fleisch- und Kartoffelgerichte sind weit verbreitet.

Ähnlich wie in Westeuropa sind die Familienbindungen nicht mehr so fest wie früher. Die Berufstätigkeit verschafft mancher Frau die Möglichkeit, sich aus einer schlechten Ehe zu lösen. Seit 1990 verzeichnet das Land einen Bevölkerungsrückgang von 1,2%, der allerdings in der Umbruchphase am höchsten war. Inzwischen sind die Zahlen jedoch fast wieder ausgeglichen. 1995 betrug die Geburtenziffer 1,1 und die Sterbeziffer 1,3%.

Zu Ehen zwischen Esten und Russen kommt es kaum. 92% der Einheimischen heiraten untereinander. Selbst während der Herrschaft Moskaus, als der „Sowjetmensch" propagiert wurde, war die Situation wenig anders. Das hat nicht unbedingt etwas mit Fremdenfeindlichkeit der Esten zu tun. Nur wenige Russen waren wirklich bereit, sich ernsthaft mit der estnischen Kultur zu beschäftigen. Die meisten bedienten sich der russischen Sprache genauso selbstverständlich wie in Moskau oder St. Petersburg. Darin sehen viele Einheimische ein Desinteresse gegenüber der Region, in der sie leben. Diese Haltung hat die Unabhängigkeit überdauert und ändert sich erst ganz allmählich. Ein kleines persönliches Erlebnis soll das Problem im folgenden verdeutlichen:

Mit estnischen Freunden besuchte ich die Klosterruine St. Brigitten (estn. Pirita) aus dem 15. Jahrhundert ein paar Kilometer östlich von Tallinn. Die Reste des früher sehr imposanten Bauwerkes ziehen nur noch wenige Besucher an. Zurück wollten wir eine der Taxen nehmen, die vor einem schräg gegenüberliegenden Hotel warteten. Meine Freunde sprachen mehrere Fahrer an, doch niemand war in der Lage oder willens, sie zu verstehen. Das Taxigewerbe befindet sich weitgehend in der Hand von Russen. Viele Fahrer besitzen keinerlei Kenntnisse des Estnischen. „In unserem eigenen Land können wir nicht einmal in unserer eigenen Sprache ein Taxi bestellen", konstatierte Merit, die gewiß keine intolerante Nationalistin ist.

Dort, wo Russen die Bevölkerungsmehrheit stellen, haben sich die zweisprachigen Straßenschilder in lateinischer und kyrillischer Schrift ebenso erhalten wie der russische Schulunterricht. Auch im Fernsehen und Radio haben russischsprachige Sendungen und Nachrichten ihren festen Platz.

Religiöse Toleranz

Während der sowjetischen Herrschaft waren religiösen Aktivitäten enge Grenzen gesetzt. Jede Form von Glaubensverbreitung und öffentlichem Auftreten war untersagt. Die meisten Gebäude – selbst mittelalterliche Dome – wurden zu Museen oder gar Lagerhallen umfunktioniert. Allein Gottesdienste oder Beerdigungen waren im bescheidenen Rahmen möglich, Glockengeläut, Jugendarbeit, Religions- und Konfirmandenunterricht dagegen undenkbar. Weihnachten galt als normaler Arbeitstag.

Im Vergleich zu den anderen baltischen Staaten hatte diese Politik in Estland den größten Erfolg. Während in Litauen und im bescheideneren Maße auch in Lettland die Gotteshäuser schon am Ende der 80er Jahre wieder gut besucht waren, hat die Bevölkerungsmehrheit in Estland den Kirchen den Rücken gekehrt. Nur etwa 20% der Staatsbürger sind getauft; in den 30er Jahren waren es noch 80%. Die „Estnische Evangelische Lutherische Kirche" (EELK) umfaßt 64000 Mitglieder, der Orthodoxen Kirche gehören immerhin 40000 Esten an. Darüber hinaus zählen noch 250000 Russen ohne Staatsbürgerschaft zu den Orthodoxen Christen.

Das Zentrum der Orthodoxen in der Hauptstadt, die Alexander-Newskij-Kathedrale, liegt auf dem Domberg direkt gegenüber dem Parlament. Das riesige Kalksteingebäude, innen und außen mit zahlreichen Ikonen geschmückt, ist jüngeren Datums und streng genommen ein Monument der russischen Fremdherrschaft. Der Grundstein wurde 1895 im Zuge der zaristischen Russifizierungspolitik gelegt, obwohl der Anteil der orthodoxen Gläubigen in Tallinn zu jener Zeit gering war. Der Zar hat den Ort für das Bauwerk selbst bestimmt und keine Mittel gescheut, es zu vollenden. 1901 wurde die Kathedrale feierlich eröffnet. Daß sie in den 90er Jahren grundlegend renoviert wurde, spricht für die Toleranz der Esten. Andererseits haben auch sie während der „singenden Revolution" von den guten Kontakten zu den Orthodoxen profitiert. Das einflußreiche Oberhaupt der Russisch-Orthodoxen Kirche, Patriarch Alexi II., wurde nämlich in Tallinn geboren und blieb seiner Heimatstadt immer verbunden. Während der Auseinandersetzungen in den späten 80er Jahren versuchte er bisweilen, mäßigend auf die sowjetische Führung einzuwirken.

Für Protestanten und Katholiken begannen sich die Fesseln 1988 zu lösen. In dem Jahr durfte zum ersten Mal wieder Weihnachten gefeiert werden. Büros und Schulen schlossen ihre Türen, und in den Straßen herrschte eine festliche Stimmung. Seitdem ist das Fest wieder einer der wichtigsten Feiertage im Jahr. 1991 wurde die theologische Fakultät an der Universität Tartu neu eröffnet, kurze Zeit später ein Predigerseminar. Dennoch fällt es den Lutheranern schwer, an ihre alte Bedeutung anzuknüpfen. Das hat vor allem zwei Gründe. Zum einen fehlt es an Geldern. Die wenigen Gläubigen können die Bedürfnisse nicht decken, und die Partnerkirchen im Ausland klagen ebenfalls über leere Kassen. Die meisten Pastoren, zumindest auf dem Lande, könnten ohne einen Nebenerwerb nicht existieren. Zum anderen trifft Estland aber ein Phänomen, das in vielen lutheranisch-geprägten nordeuropäischen Ländern auch ohne staatliche Repression zu beobachten ist. Die Menschen fühlen sich von der Kirche nicht mehr angesprochen. Dagegen gelingt es der katholischen Kirche in Litauen, Polen und Teilen Lettlands erheblich besser, die Menschen zu erreichen. Ihre Liturgie, die mehr das Herz als den Verstand anspricht, fehlt im protestantisch-kühlen Estland.

Die gesetzlichen Feiertage

Zu den gesetzlichen Feiertagen zählen neben den wichtigsten Festen des Christentums nationale Gedenktage. Um manche, etwa den 23. Juni, hat es kontroverse Debatten gegeben. Dabei ging es allerdings nicht um den Inhalt des Gedenkens, sondern um die Frage, wieviel Feiertage sich ein Staat erlauben kann. Folgende Tage sind nun gesetzlich verankert:

1. Januar: Neujahr
24. Januar: Unabhängigkeitstag, Gedenken an die Proklamation von 1918
Karfreitag, Ostersonntag und -montag
1. Mai: Tag des Frühlings
23. Juni: Siegestag (Voidupüha), Erinnerung an den Sieg über die Deutschen bei Césis 1919
24. Juni: Sonnenwende, christianisiert Johannisnacht
20. August: Wiederherstellung der Unabhängigkeit von 1991
25./26. Dezember: Weihnachten

Sport und Spiel

Bei der Freizeitgestaltung spielt, wie wohl überall, der Sport eine wichtige Rolle. Allerdings beherrscht nicht der Fußball die Szene. Die Fußballmannschaften der größeren Städte rekrutieren sich überwiegend aus Russen. Das führte sogar schon zu einem innenpolitischen Skandal. 1994 schloß der estnische Fußballverband den Meisterschaftsaspiranten „FC Tevalte", einen Verein der russischen Minderheit, aus. Als Begründung hieß es, das Management unterhalte enge Beziehungen zur russischen Mafia. Die Verantwortlichen des Vereins wiesen dies zurück und vermuteten politische Motive hinter der Entscheidung. Ihrer Meinung nach sollte die Vertretung Estlands im europäischen Wettbewerb durch einen russischen Verein verhindert werden.

Unter den Esten sind Wintersportarten populärer, allen voran Eishockey, auch wenn die Nationalmannschaft im internationalen Vergleich nicht einmal zweitklassig ist. Wer es jedoch zur Weltspitze bringt, genießt hohes Ansehen in der Bevölkerung. Bereits in der sportlich erfolgreichen Sowjetära führten viele Esten eine eigene Statistik über die Erfolge „ihrer" Sportler, auch wenn sie unter der roten Fahne antreten mußten.

Im Skilanglauf verfügt das Land über einige gute Leute. Beim letzten Olympiaauftritt in der Sowjetmannschaft 1988 holte Alar Levandi eine Bronzemedaille in der Nordischen Kombination. Am 27. August 1991 wurde Estland in das Olympische Komitee aufgenommen, so daß 1992 erstmals seit 56 Jahren wieder eine estnische Mannschaft starten konnte. Zum Bedauern seiner Landsleute konnte Levandi den Erfolg nicht wiederholen. Inzwischen könnte der junge Markvart in seine Fußstapfen treten. Noch größere Hoffnungen weckt die talentierte Langläuferin Kristina Smigun, die bereits als Juniorin zur Weltklasse stieß. Was jedoch ihre erste große internationale Bewährungsprobe werden sollte, wurde zur bitteren Enttäuschung. Bei den Olympischen Spielen in Nagano 1998 konnte sie verletzungsbedingt nicht antreten, aber sie hat die Zukunft noch vor sich.

Zum Star der Umbruchzeit wurde Erika Salumiä. 1988 holte sie bei den Olympischen Sommerspielen in Seoul im sowjetischen Trikot Gold im Radsprint. Vier Jahre später gelang es ihr in Barcelona, unter estnischer Flagge den Erfolg zu wiederholen. Als

Einen Korb von der großen Russin

Eine erhoffte große Medaillensammlerin im Skilanglauf hat den Esten einen Korb gegeben. Elena Välbe, vielfache sowjetische Weltmeisterin und Olympiasiegerin, war mit einem estnischen Langläufer verheiratet und lebte einige Zeit in Tallinn. Als sich die Unabhängigkeit aankündigte, gab es Äußerungen von ihr, die auf einen Start für Estland hoffen ließen. Am Ende entschied sich Välbe, die von der Kamtschatka-Halbinsel stammt, jedoch für die russische Staatsbürgerschaft; wohl nicht zuletzt im Hinblick auf die Staffelgoldmedaillen. Zudem zerbrach ihre Ehe.

erste Olympiasiegerin Estlands nach der sowjetischen Besetzung wurde sie entsprechend gefeiert.

Der neue Nationalheld aber ist der junge Erki Nool. In der Königsdisziplin der Leichtathletik, dem Zehnkampf, gehört er zu den Weltbesten. Nach einigen Jahren mit guten Plazierungen gewann er 1998 bei den Europameisterschaften seinen ersten internationalen Titel. Besonders stolz machte er seine Landsleute, da er einen aus Weißrußland stammenden Finnen und einen Russen auf die Plätze zwei und drei verweisen konnte. Nool ist auch deshalb so populär, weil er seine privilegierte Position benutzt, um die Förderung der Jugend voranzutreiben.

Während der sowjetischen Zeit wurde Tallinn zu einem Zentrum des Segelsports ausgebaut. In dem dortigen Yachthafen fanden die Segelwettbewerbe der Olympischen Sommerspiele von Moskau 1980 statt. Heute macht die Anlage einen verlassenen Eindruck.

Bei aller Begeisterung für die Stars hat der Freizeitsport noch nicht die Bedeutung wie in Westeuropa. Die Legionen von Joggern, die bundesdeutsche Parks bevölkern, sind ein kaum bekanntes Phänomen.

Der Untergang der Estonia

Kein Ereignis hat das Land so erschüttert wie der Untergang der „Estonia“ in der Ostsee zwischen Tallinn und Stockholm in der Nacht vom 27. auf den 28. September 1994. Das Schiff, das als Name die englische Landesbezeichnung trug, gehörte je zur

Hälfte dem estnischen Staat und der schwedischen Reederei Nordström & Thulin. Im Frühjahr 1993 hatte es die Fährverbindung mit der schwedischen Hauptstadt aufgenommen. Die „Estonia“ wurde zum Symbol des estnischen Traumes schlechthin. Sie stand für die Öffnung zur Welt, für Freizügigkeit, wirtschaftlichen Erfolg und Eigenständigkeit; und das nicht nur symbolisch. Viele sparten daraufhin, einmal dem harten Alltag durch eine Reise auf der Estonia zu entkommen. Wie lange hatten sie davon geträumt?

Um so größer war der Schock, als das Schiff mit 989 Menschen an Bord 50 km südlich der finnischen Insel Üto in stürmischer See versank. Nur 137 Personen überlebten die Katastrophe, darunter 41 Besatzungsmitglieder. Staatspräsident Meri, normalerweise ein nüchterner Intellektueller, sprach bei einem Trauergottesdienst von der größten Tragödie des Landes seit den stalinistischen Massendeportationen.

Der äußere Anlaß des Unglücks war das im Sturm mit hohem Wellengang abgerissene Bugvisier. Dadurch drang so viel Wasser in das Schiff ein, daß es kenterte. Die zu späte Reaktion der Besatzung und der finnischen Küstenwacht sowie die sich schnell ausbreitende Panik an Bord verhinderten die Rettung der meisten Passagiere. Spekulationen gab es jedoch vor allem über die tieferen Ursachen der Katastrophe. Wie konnte selbst bei stürmischer See das Bugvisier eines so mächtigen Schiffes abreißen?

Der Abschlußbericht der schwedischen Staatsanwaltschaft vom Februar 1998 nannte zwar viele Ursachen, aber keinen Schuldigen. Die zu schwache Konstruktion des Bugvisiers sowie das unprofessionelle Verhalten der Crew seien hauptsächlich verantwortlich gewesen. Der estnische Kapitän Arvo Andresson hatte das Schiff trotz der schweren See mit Volldampf fahren lassen, um keine Verspätung in Kauf zu nehmen; die ersten Anzeichen des Unglücks waren von ihm nicht ernst genommen worden. So konnte das Autodeck beinahe unbemerkt mit Wasser vollaufen. Gegen die technischen Mängel verwahrte sich die Meyer-Werft in Papenburg, die das Schiff 1980 konstruiert hatte. Mangelhafte Wartung habe die Sicherheit des Bugvisiers untergraben, lautet ihre Begründung. Gegen die Version, die den Kapitän als Hauptverantwortlichen sieht, wehren sich in Estland fast alle: „Das ist eine typisch deutsche Sicht, weil eine deutsche Werft das Schiff gebaut hat", heißt es dazu. Die schwedische Staatsanwaltschaft hält sich mit einer Bewertung zurück und resümiert: „Niemand in Mannschaft, Reederei oder Werft hat so nachlässig gehandelt, daß es eine Anklage wegen fahrlässiger Tötung rechtfertigen würde."

Damit ist der Streit um die Ursache auf der juristischen Ebene ausgestanden, die Spekulationen blühen jedoch weiter. Eine der beliebtesten sieht die Drogenmafia am Werk, der auch der Kapitän verpflichtet gewesen sei. Danach habe das Schiff zwei LKWs voll Heroin und Kobalt geladen gehabt, doch der Zoll in Stockholm sei dem auf die Spur gekommen und hätte bereits gewartet. Deshalb soll die Mafia dem Kapitän über Funk befohlen haben, die LKWs im offenen Meer zu entsorgen. Gegen diese Theorie spricht, daß kein Kapitän auf die Idee käme, ein solches Manöver in Fahrtrichtung, bei voller Geschwindigkeit und stürmischer See durchzuführen, und damit zu riskieren, daß Tonnen von Wasser eindringen können. Nahrung erhält die Spekulation allerdings dadurch, daß deren Quelle, der Zollbeamte Igor Krischtapowitsch, drei Wochen nach dem Unglück erschossen wurde. Zudem schwören Angehörige von acht Besatzungsmitgliedern, die zunächst als gerettet, dann aber als vermißt gemeldet wurden, sie hätten von diesen Nachricht erhalten. Die Personen seien aber verschleppt worden, weil sie zu viel über Schmuggel-Aktivitäten der „Estonia" gewußt hätten.

Eine andere Spekulation führt das Unglück auf einen Zusammenstoß mit einem russischen U-Boot zurück, nachdem die schwedische Marine ihrer Überwachungspflicht in den Gewässern nicht nachgekommen sei. Anhänger dieser Version berufen sich darauf, daß Schweden das gesunkene Schiff sehr frühzeitig mit einer dicken Schicht aus Textilmatten, Sand und Beton abdecken wollte, als ob das Land etwas zu verbergen gehabt hätte. Angeblich sollten dadurch die Opfer vor Räubern geschützt werden. Dabei waren die Untersuchungen noch nicht abgeschlossen, und die Bergung wäre erheblich billiger gewesen als das gigantische Grab im Meer. Erst angesichts massiver Proteste, besonders von den Angehörigen der Opfer, ließ die Regierung die Pläne fallen. Schließlich wurde auch noch ein terroristischer Bombenanschlag als Unfallursache ins Gespräch gebracht, doch dem mochte sich niemand ernsthaft anschließen.

Derartige Gerüchte haben vielleicht auch den Sinn, den Menschen über die Zerstörung eines Traumes hinwegzuhelfen. Nicht alle flüchten sich indes in wilde Spekulationen, und im Alltag setzte sich sowieso bald wieder der Pragmatismus durch; die „Estonia“ hat nämlich längst eine Nachfolgerin gefunden, die „Mare Balticum“.

Estland als Reiseland

Nicht nur Heimwehtouristen mit deutschbaltischen Ahnen wissen die neuen Reisefreiheiten zu schätzen. Bislang beschränkt sich der Tourismus allerdings noch weitgehend auf die Städte, die allein schon eine Reise wert sind. Dadurch bleibt den Besuchern jedoch manches verborgen, denn auch auf dem Land warten Naturschönheiten und Zeugnisse einer wechselvollen Geschichte auf ihre Entdeckung.

Beliebte Reiseziele

Ausgangs- – und bisweilen auch Endpunkt – der meisten Estland-Reisen ist Tallinn. Die Stadt verbindet eine mittelalterliche Atmosphäre mit modernen Annehmlichkeiten. Auf dem Domberg und im Zentrum zu seinen Füßen fühlt man sich bisweilen wie in einem riesigen Freilichtmuseum. Alte Häuser, Türme, Kirchen und Torbögen haben die Jahrhunderte weitgehend unbeschadet überstanden. Viele Inschriften zeugen von der deutschen Epoche. Im Fremdenverkehrsbüro auf dem Marktplatz gibt es inzwischen recht gute Prospekte, anhand derer man auf eigene Faust das historische Zentrum erkunden kann. Selten wird Geschichte so komprimiert und anschaulich geboten. Hier zeigt sich einer der unfreiwilligen Vorzüge des Sozialismus. Da es keinen freien Wohnungsmarkt gab, lohnten sich keine Immobilienspekulationen mit lukrativen Abrissen ganzer Straßenzüge. So gilt Tallinn heute als die am besten erhaltene mittelalterliche Stadt in Nordeuropa. Vor den alten Gebäuden sorgen häufig Straßenmusiker für gute Stimmung, und moderne Cafés laden ein, sich eine Pause zu gönnen. Einen Eindruck von dem ländlichen Leben vergangener Jahrhunderte vermittelt das estnische Freilichtmuseum, 9 km westlich der Stadt. Es wurde im Jahr 1957 eröffnet.

Rathaus der alten estnischen Universitätsstadt Tartu (Dorpat) – Foto: Klemens Ludwig

Tartu steht dank seiner Universität der Hauptstadt in kulturgeschichtlicher Bedeutung nicht viel nach. Die Stadt am Emajogi (Embach) ist allerdings häufiger durch Kriege und Feuersbrünste zerstört worden – zuletzt im Zweiten Weltkrieg –, so daß sich ein mittelalterlicher Kern nicht erhalten hat. Noch immer faszinierend ist der Domberg, der schon in vorchristlicher Zeit eine wichtige Kultstätte war. Ein Opferstein zeugt noch davon, während die Ruinen der alten Domkirche von der Blütezeit des Christentums künden. Ein Teil ist restauriert und beherbergt das Universitätsmuseum. Im Herbst ist der Weg von der Stadt zum Domberg hinauf besonders reizvoll, weil die Bäume dann ihre volle Farbenpracht entfalten. Wie Tallinn verfügt auch Tartu über eine Vielzahl von Museen.

Ein besonders beliebter Badeort ist Pärnu in der Rigaer Bucht, in Estland eher als livische Bucht bezeichnet. Die über 700 Jahre alte, ehemalige Hansestadt bietet Sandstrände und schattige Promenaden. Typisch sind auch die schmuckvollen Holzhäuser aus der Zeit um die Jahrhundertwende. Im Sommer leben in Pärnu etwa doppelt so viele Menschen wie im Winter.

Eine ähnliche Atmosphäre herrscht in Haapsalu, dem „baltischen Venedig". Die Stadt liegt nördlich von Pärnu an der Westküste und ist seit dem letzten Jahrhundert ein beliebter Kurort mit wunderschönen Alleen und Parkanlagen, in denen Flieder, Jasmin und Kastanienbäume blühen. Die Ruinen einer alten Bischofsburg gehen auf das Jahr 1279 zurück. Bis zur Annexion durch die Sowjetunion war der Ort auch das Zentrum der schwedischen Gemeinde im Land.

Weniger bekannt ist Viljandi, eine malerische kleine Stadt im Süden, ziemlich genau auf der Hälfte der Strecke zwischen Tartu und Pärnu gelegen. Auch hier zeugt die Ruine einer alten Ordensburg von vergangener Größe. Unter dem deutschen Namen Fellin gehörte der Ort neben Reval (Tallinn), Dorpat (Tartu) und Pernau (Pärnu) zu den Hansestädten des Baltikums.

Erwähnenswert ist schließlich auch Narva, an der Grenze im Osten. Die Stadt war im Zweiten Weltkrieg gänzlich niedergebrannt worden. Heute leben hier überwiegend Russen. Vom Glanz der Geschichte zeugt noch die Hermannsburg des Deutschen Ordens aus dem 14. Jahrhundert. Sie wurde nach dem Krieg wieder aufgebaut und dient heute als historisches Museum. Für die Esten ist Narva der Schnittpunkt, an dem westliche und östliche Kultur zusammenstoßen.

Zu den schönsten Zielen außerhalb der Städte gehören die Inseln, allen voran Saaremaa (Ösel) und Hiiumaa (Dagö) vor der Westküste. Auf diesen ist die Natur noch weitgehend intakt und die Pflanzenwelt ausgesprochen üppig. Auch seltene Vogelarten können dort bewundert werden. Die Landwirtschaft bildet den Haupterwerbszweig. Auf Saaremaa gibt es das Freilichtmuseum Koguva, das zu einer Zeitreise in die Vergangenheit einlädt, sowie eine alte Bischofsburg.

Ein besonderes Kleinod ist der „Lahemaa-Nationalpark" östlich von Tallinn an der Strecke nach Narva. Das 649 km^2 große Gelände wurde 1971 unter Schutz gestellt. Es umfaßt Urwälder, Sümpfe, Wasserfälle und alte Gutshäuser, deren Ausmaße die alte Größe erahnen lassen. Schließlich sei noch auf den Peipus-See verwiesen, durch den die Grenze mit Rußland verläuft. In seiner Umgebung befinden sich zahlreiche Kultstätten, deren Bedeutung im Bewußtsein der Bevölkerung vielfach noch lebendig ist. Am Pühajärv (Heiliger See) südlich des Wintersportzentrums Otepää hat der Dalai Lama, das religiöse Oberhaupt der Tibeter, 1992 eine religiöse Zeremonie vollzogen, an die ein kleiner Stupa erinnert.

All diese Ziele können inzwischen auf eigene Faust mit Bussen, Bahnen oder dem Privat-PKW erreicht werden.

Die Anreise

Um nach Estland zu kommen, stehen zahlreiche Möglichkeien zur Verfügung. Die einfachste ist das Flugzeug. Inzwischen existieren Flugverbindungen ab 600 DM von den größeren deutschen Flughäfen nach Tallinn und in andere baltische Großstädte. Am günstigsten fliegt man von Frankfurt oder Hamburg aus. Die Angebote variieren häufig und hängen von der Jahreszeit ab. Der aktuelle Stand muß in einem Reisebüro erfragt werden.

Wer die Zeit hat, kann jedoch auch von Travemünde in die baltischen Hafenstädte mit dem Schiff fahren, teilweise mit Aufenthalt in Danzig. Zudem gibt es die Möglichkeit, über Stockholm und Helsinki anzureisen. Erheblich preisgünstiger ist die Bahnreise über Vilnius und Riga. Bis Riga kostet die Fahrt im Schlafwagen etwa 200 DM. Früher gab es nur diese Route mit der zweistündige Strecke durch Weißrußland. Beim Versuch, das unverzichtbare Transitvisum für den kurzen Streckenabschnitt in der weißrussischen Botschaft zu erhalten, werden Erinnerungen an die gar nicht so guten alten sowjetischen Zeiten wach. Die Prozedur beinhaltet lange, willkürliche Wartezeiten – selbst wenn offenkundig kein Betrieb herrscht –, mürrische Gesichter und äußerste Sensibilität dafür, leichte Anzeichen von Ungeduld beim Bittsteller sofort zu bemerken, um dann mit der Bemerkung zu kontern, man erhalte den Paß gern auch umgehend, aber ohne Visum, zurück. Entschädigt wird man für diesen Ärger mit einer schönen Strecke und dem beruhigenden Gefühl, 21 Stunden nach der Abreise in Berlin-Lichtenberg die litauische Hauptstadt Vilnius ohne weitere Umstände erreicht zu haben. Wer statt der Willkür der weißrussischen Botschaft lieber ein zweimaliges Umsteigen in Polen in Kauf nimmt und auf einen Stop in Vilnius verzichtet, gelangt über Warschau und Szestokai direkt nach Riga.

Die billigste Tour verlangt recht viel Disziplin und wird überwiegend von jungen Reisenden in Anspruch genommen: eine Busverbindung von Tallinn über Riga, Warschau und Berlin bis Kiel, Köln oder München.

Formalitäten und Verhaltensregeln

Im März 1999 wurde die Visumspflicht für alle baltischen Staaten aufgehoben. Für die Einreise reicht ein Reisepaß, der noch mindestens zwei Monate gültig sein muß.

Wer kein Freund langfristiger Planung ist, kann die Unterkunft im Land direkt bei den Fremdenverkehrsämtern vor Ort buchen. Bei den Angeboten fehlen vielerorts allerdings noch Mittelklassehäuser. Die ehemaligen Intourist-Hotels sind heute zumeist von internationalen Ketten auf den entsprechenden Standard bei Service und Preisen gebracht worden. Für alle, die nicht so viel Geld ausgeben können, sind nach englischem Vorbild „Bed and Breakfast" – Angebote entstanden, die etwa bei 30 DM pro Nacht beginnen.

Die organisierte Gruppenreise ist die einfachste, wenn auch nicht unbedingt billigste Art, das Land kennenzulernen. Einige der großen Veranstalter haben Estland in ihrem Programm, häufg als Teil einer Ostseerundfahrt. Spezialveranstalter bieten auch ausgefallenere Ziele mit fachkundiger Reisebegleitung an.

Besondere Tabus oder Verhaltensregeln für den Alltag gibt es nicht, außer daß sich die russische Sprache nach den Erfahrungen der letzten Jahrzehnte keiner besonderen Beliebtheit erfreut. Ältere Menschen sprechen bisweilen noch deutsch, bei den Jüngeren dominiert Englisch auf erstaunlich hohem Niveau, wenn man bedenkt, daß noch bis vor kurzem niemand die Möglichkeit hatte, zum Studium ins englischsprachige Ausland zu gehen. Die Esten fühlen sich als Teil der europäischen Kultur und wurden im Laufe der Geschichte von Geistesströmungen wie der Reformation oder der Aufklärung nachhaltig beeinflußt. Ein Kulturschock beim ersten Besuch ist also nicht zu erwarten. Es ist jedoch gewiß unpassend, den eigenen Reichtum und die wirtschaftliche Überlegenheit zur Schau zu stellen. Auch darf nicht vergessen werden, daß Deutsche nicht nur einen Beitrag zur Emanzipation der estnischen Bevölkerung geleistet haben. Die jahrhundertelange Unterdrückung durch deutsche Gutsherren zählt ebenso zu dem gemeinsamen Erbe und sollte Anlaß zu Bescheidenheit sein.

Der Strand in Pärnu West. Sommertage an der Ostsee

ANHANG

Estland auf einen Blick

Staatsname: Eesti Vabariik = Republik (wörtl.: Freistaat) Estland
Staatsflagge: blau-schwarz-weiß, waagerecht
Staatswappen: 3 Leoparden (oder auch Löwen)
Staatsfläche: 45 227 km^2 (früher 47 549 km^2)
Einwohner: 1 464 000 (1997) = 32 pro km^2, davon 966 413 Staatsbürger
Minderheiten: 28,2% Russen, 2,6% Ukrainer, 1,5% Weißrussen, 0,9% Finnen
Städte über 50 000 Einwohner: Tallinn (420 000), Tartu (102 000), Narva (75 000), Kohtla-Järve (53 000), Pärnu (52 000)
Verwaltung: 15 Kreise und 6 kreisfreie Städte
Religion: ca. 20% Protestanten, 20% Orthodoxe, Mehrheit konfessionslos
Währung: 1 Kroon (ekr) = 100 Senti. 8 Kronen = 1 DM. Inflation (1998) 11,3%
Bruttosozialprodukt je Einwohner: 3080 US-$ (1996)

Zeittafel

12000 v. Chr.	Älteste Spuren altsteinzeitlicher Besiedlung
4000 v. Chr.	Einwanderung finno-ugrischer Nomadenvölker
Ab 700 v. Chr.	Reger Handelskontakt mit der keltischen Hallstatt-Kultur
Zeitenwende	Handel mit dem Römerreich, vor allem Bernstein
Ab 500	Erste Kontakte mit skandinavischen und ostslawischen Völkern
Ab 750	Handelsrouten der Wikinger durch Estland
1180	Aufseglung der baltischen Ostseeküste durch deutsche Händler und Missionare
1217	Niederlage der Esten unter Lembitu gegen deutschen Schwertritterorden
1219	Eroberung Tallinns durch Waldemar II. von Dänemark
1346	Verkauf Tallinns an den deutschen Orden. Wachsender Einfluß der Hanse
1523	Beginn der Reformation in Estland. Veröffentlichung erster Schriften in estnischer Sprache
1558–1582	Livländischer Krieg mit schweren Verwüstungen. Sieg der Schweden über die Russen. Ende des deutschen Ordensstaates und der Hanse
1632	Gründung der Universität Tartu (Dorpat)
1700–1721	Großer Nordischer Krieg. Beginn der russischen Herrschaft
1817	Abschaffung der Leibeigenschaft
Beginn des 19. Jhd.	Estnische Aufklärung
1869	Erstes Sängerfest in Tartu
1905	Russische Revolution. Aufstände in Estland
1917 Feb.	Sturz des Zaren
Nov.	„Oktoberrevolution". Machtergreifung der Bolschewisten
1918	Proklamation der Unabhängigkeit
1920	Friede von Tartu. Anerkennung der Unabhängigkeit durch UdSSR
1925	Autonomiestatut für die Minderheiten
1934	Verhängung des Ausnahmezustands durch Konstantin Päts
1939	Hitler-Stalin-Pakt. Estland wird zur sowjetischen Interessenzone erklärt. Aussiedlung der Deutschen
1940	Besetzung durch die Rote Armee

1941	Juni	Erste Massendeportation nach Sibirien
	Juli	Besetzung durch die deutsche Armee
1944		Massaker an über 2000 Juden im Konzentrationslager Klooga; anschließend Rückzug der deutsche Armee. Wiedereroberung durch die Sowjetunion; Massendeportationen nach Sibirien
1945–1955		Partisanenwiderstand gegen die sowjetische Annexion
Bis 1985		Sozialistische Umgestaltung der Gesellschaft; Russifizierung; Fluchtbewegung ins Ausland
1987		Besuch Gorbatschows in Tallinn. Absage an „nationalistische Bestrebungen"; seit Juni wachsende Protestbewegung
1988	April	Gründung der Volksfront Rahvarinne. Bruch des Machtmonopols der KP
	Nov.	Souveränitätserklärung
1989	März	Wahlen zum Volksdeputiertenkongress. Mehrheit für Kandidaten der Volksfront
	Aug.	„Baltischer Weg", Menschenkette von Tallinn bis Vilnius
1990	Feb.	Wahlen zum Obersten Rat. Sieg der Volksfront-Kandidaten
	März	Erklärung zur Wiederherstellung der Unabhängigkeit
1991	Jan.	Besuch Jelzins in Tallinn angesichts blutiger Militäreinsätze in Vilnius und Riga
	März	Referendum über Unabhängigkeit mit 75% Ja-Stimmen
	Juni	Anerkennung der Unabhängigkeit durch Jelzin
	19. Aug.	Putsch in Moskau, Belagerungszustand im Baltikum
	21. Aug.	Niederschlagung des Putsches. Verbot der KP
	26. Aug.	Offizielle Anerkennung durch Island. Rest der Staatengemeinschaft folgt
	5./6. Sep.	Anerkennung der Unabhängigkeit durch Präsident Gorbatschow und den Volksdeputiertenkongress
	17. Sep.	Aufnahme in die UNO
1992	Juni	Einführung einer eigenen Währung, der Krone
	Sep.	erste Parlaments- und Präsidentenwahlen nach eigenem Wahlgesetz
	Okt.	Lennart Meri wird Präsident in der Stichwahl
1993	Mai	Aufnahme in den Europarat
	Juni	Verabschiedung des Ausländergesetzes mit Bestimmungen zur Einbürgerung
1994	Aug.	Abzug der letzten russischen Truppen
	Sep.	Untergang der Estonia
1995		Präsident Meri bietet ausgesiedelten Deutschbalten Rückkehrmöglichkeit an
1996		Abtretung des alten Staatsgebietes um Narva und Petseri an Rußland

1997	8./9. Juli	NATO-Gipfel lehnt Beitrittsverhandlungen mit Estland ab
	15. Juli	EU-Kommission empfiehlt Beitrittsverhandlungen mit Estland
1998	April	Verbot der Todesstrafe als erstes Land der ehemaligen UdSSR
	Mai	Besuch von Bundespräsident Roman Herzog
1999	7. März	Parlamentswahlen mit Sieg einer konservativen Koalition unter Mart Laar

Nützliche Adressen

Botschaft der Republik Estland
Fritz Schäffer Str. 22
53113 Bonn
Tel. 0228/914790, Fax 9147911

Botschaft der Bundesrepublik Deutschland in Estland
Rävala puiestee 9
EE – 0001 Tallinn
Tel. 00372.2.455606

Botschaft der Republik Estland in Österreich
Marokkanergasse 22/6
A-1030 Wien
Tel. 01.7180729, Fax 718072915

Estnisches Tourismusbüro
Pikk 71
EE – 0001 Tallinn
Tel. 00372.2.601700, Fax 602743

Fremdenverkehrsamt Tartu
Raekoja plats 14
EE – 2400 Tartu
Tel. & Fax 00372.7.432141

Estnisches Institut
P. O. Box 3469
EE – 0090 Tallinn
Tel. 00372.6.314355, Fax 6.314356

Presse- und Informationsamt des Außenministeriums
Rävala 9
EE – 0100 Tallinn
Tel. 00372.6.317600, Fax 6.317099

Publikationen und Informationen

Baltica. Vierteljahreszeitschrift für baltische Kultur
Postfach 530432
22534 Hamburg

Herder Institut
Gisonenweg 5–7
35037 Marburg

Haus Annaberg
Annaberger Str. 400
53175 Bonn
(Bietet u.a. Sprachkurse)

Deutsch-Estnische Gesellschaft
Rintheimer Str. 23
76131 Karlsruhe

Carl Schirren Gesellschaft
Am Berge 35
21335 Lüneburg

Pro Baltica Forum
Brodschrangen 4
20457 Hamburg

Baltische Gesellschaft in Deutschland
Titurelstr. 9/VI
81925 München

Deutsch-Baltische Landsmannschaft
Herdstr. 79
64285 Darmstadt

Mare Balticum (Versandbuchhandlung)
Huhnsgasse 39–41
50676 Köln

Estland im Internet

Internet- und e-mail-Kommunikation sind in Estland ausgesprochen populär und verzeichnen steile Wachstumsraten. Das Land liegt an zweiter Stelle hinter Slowenien bei Anschlüssen pro Kopf in Osteuropa. Die wichtigsten Internet- und e-mail-Verbindungen für aktuelle Informationen über die politische Entwicklung und Reisemöglichkeiten finden sich nachfolgend:

Estnischer Fremdenverkehrsverband, e-mail: tallinn@tourism.uninet.ee
Kodkudant Ökotourismus Initiative, e-mail: ecotour@jsoft.fido.ee
Estnisches Institut: http://www.einst.ee.; e-mail: einst@einst.ee
Estonia Today (Hg. vom Presse- und Informationsamt): http://www.vm.ee
e-mail: vminfo@vml.vm.ee
Estnische Industrie- undHandelskammer: http://www.koda.ee
Messeinformationen: http://www.fair.ee/english/location.html
Pro baltica: http://www.probaltica.de
Mare Balticum Buchversand, e-mail: helker.pflug@netport.de

Literaturhinweise

Anmerkung: Die folgende Literaturliste beschränkt sich auf Sach- und Reisebücher. Über die belletristischen Werke estnischer Autoren kann jede gute Buchhandlung Auskunft erteilen, da viele bereits in großen Verlagen erschienen sind. Ausdrücklich hingewiesen sei auf die Estnische Bibliothek des Frankfurter dipa-Verlages, die sich um die Veröffentlichung estnischer Werke sehr verdient gemacht hat. Auch die Versandbuchhandlung Mare Balticum gibt regelmäßig kommentierte Literaturlisten heraus.

Reiseführer

Baedeker: Allianz Reiseführer Baltikum. Ostfildern 1994.
Der Band enthält die zu erwartende Fülle an Informationen, aber sehr lesefreundlich – gerade als Reisegepäck – ist er nicht.

Butenschön, Marianna: Baltikum: Estland, Lettland, Litauen. Esslingen 1993.
Der Marco Polo Reiseführer nach der standardisierten Struktur ist ideal für Einsteiger. Trotz der Kürze wird alles Wichtige erwähnt.

Fülberth, Andreas: Estland – Ein illustriertes Reisehandbuch. Bremen 1993.
Ein kompetenter Autor versteht es, zahlreiche Informationen und nützliche Reisetips zu einem exzellenten Reisebegleiter zusammenzustellen.

Hagemann, Volker & Kiho, Toomas: Estland. Pforzheim 1993.
Ein Goldstadt-Reiseführer, sensibel, gut recherchiert und informativ, nicht zuletzt dank vieler estnischer Autoren.

Höh, Peter & Rainer: Estland Handbuch. Bielefeld 1993.
Eher an ein jüngeres Publikum gerichtet, aber deshalb nicht weniger umfassend und informativ.

Karin, Thea: Estland. Köln 1994.
Der Du Mont Kunstreiseführer ist nicht nur für Reisende eine Fundgrube an Informationen über alle Aspekte der estnischen Kultur.

Köhne, Gunnar: Baltische Länder. Reinbek 1993.
Erschienen in der Reihe „Anders Reisen" von Rowohlt mit vielen Informationen, die über die bloße Reiseplanung hinausgehen. Klarer Aufbau und Struktur.

Maess, Thomas & Engelhardt, Brigitte v.: Estland, Express Reisehandbuch. Leer 1992.
Dank zahlreicher estnischer Autoren ein sehr informativer Reiseführer, der sich mit jedem Sachbuch messen kann. Dennoch fehlen nicht die zu erwartenden Tips und Reiseziele.

Maunder, Hilde: Baltische Staaten. Köln 1993.
In der Reihe „Preiswert Reisen" hält der Band, was er verspricht.

Mehling, Marianne: Estland, Lettland, Litauen. München 1993.
Obwohl nach der Unabhängigkeit als Knaurs Kulturführer erschienen, spiegelt der Band den Geist der sowjetrussischen Dominanz wieder.

Striegler, Evelin: Baltikum. München 1996.

Erschienen als Merian-Reiseführer mit knappen, präzisen Informationen zu den wichtigsten Fakten und Orten. Gut für Einsteiger.

Estland allgemein

Ettmayer, Wendelin: Estland – Der Aufbruch nach Europa. Berlin 1999.
Evangelisches Missionswerk (Hg.): Estland – die neue Freiheit und ihre Folgen. Hamburg 1996.
Grönholm, Irga: Estnisch für Globetrotter. Bielefeld 1993.
Hartmann, Stefan: Reval im Nordischen Krieg. Bonn 1973.
Hasselblatt Cornelius: Grammatisches Wörterbuch des Estnischen. Wiesbaden 1992.
Hasselblatt, Cornelius & Müller, Kai Ulrich: Estland. München 1994.
Hein, Ants: Palmse, Ein Herrenhof in Estland. Tallinn 1996.
Hovi, Kalero: Estland in den Anfängen seiner Selbständigkeit. Turku 1976.
Komissarow, Eha: Mare Vint. Lithographien und Zeichnungen. Tallinn 1991.
Mäeväli, Sulev: Tallinner Historische Bauten und Kunstwerke. Tallinn 1990.
Mahaux, Charles u. a.: Estland – Ein Traum. Köln 1991.
Meissner, Boris u.a. (Hg.): Die deutsche Volksgruppe in Estland. Hamburg 1997.
Mühlen, Hein von zur: Reval vom 16. bis 18. Jahrhundert. Köln/Wien 1985.
Neuschäffer, Hubertus: Schlösser und Herrenhäuser in Estland. Plön 1993.
Nirk, Edel: Estonian Literature. Tallinn 1987.
Polyglott: Sprachführer Estnisch. München 1993.
Rácz, Endre/Bereczek, Gábor: Estland. Leipzig 1977.
Rannu, Elena: The Living Past of Tallinn. Tallinn 1993.
Siilivask, Karl: The History of Tartu University. Tallinn 1985.
Taube, Arved v.: Reval/Tallinn. Hansestadt, Landeshauptstadt, Olympiastadt. Düsseldorf 1979.
Thomson, Erik: Die Esten und ihr Land. Stockholm 1988.
Winter, Werner: Beiträge zur Chronik der Stadt Reval 1218–1940. Hannover 1987.

Baltikum allgemein

Baltica: Vierteljahreszeitschrift für baltische Kultur, hg. von Horst Freitag, Hamburg.
Böckler, Erich (Hg.): Beiträge zur Geschichte der baltischen Kunst. Gießen 1988.
Butenschön, Marianna: Estland, Lettland, Litauen. Das Baltikum auf dem langen Weg in die Freiheit. München 1992.
Dohrn, Verena: Baltische Reise. Vielvölkerlandschaft im alten Europa. Frankfurt/M. 1994.
Grave, Horst: Konfession und Nationalität. Ein Beitrag zum Verhältnis von Kirche und Gesellschaft in Livland im 19. Jahrhundert. Marburg 1978.
Graw, Ansgar: Der Freiheitskampf im Baltikum. Erlangen 1991.

Handbuch Baltikum-Kontakte. Osnabrück 1997.
Haltenberg, M.: Die baltischen Länder. Leipzig/Wien 1929.
Heinrich Böll Stiftung & Baltischer Christlicher Studentenbund (Hg.): Die baltischen Staaten. Köln 1995.
Heinrich von Lettland: „Livländische Chronik", neu übersetzt von Albert Bauer. Würzburg 1959.
Helm, Jürgen v.: Die Umsiedlung der baltischen Deutschen – das letzte Kapitel der deutsch-baltischen Geschichte. Marburg 1982.
Kibelka, Ruth (Hg.): Auch wir sind Europa. Berlin 1991.
Loeber, Dietrich-André: Diktierte Option. Die Umsiedlung der Deutschbalten aus Estland und Lettland 1939–41. Neumünster 1972.
ders.: Die Forderung nach Souveränität in den drei baltischen Staaaten. Hamburg 1988.
Ludwig, Klemens: Das Baltikum. Eine Länderkunde. München 1991.
Meissner, Boris: Die Sowjetunion, die baltischen Staaten und das Völkerrecht. Köln 1956.
ders. (Hg.): Die baltischen Nationen. Köln 1990.
ders. u.a. (Hg.): Die Außenpolitik der baltischen Staaten und die internationalen Beziehungen im Ostseeraum. Hamburg 1994.
Mühlen, Heinz von zur: Die baltischen Lande von der Aufsegelung bis zur Umsiedlung. Bonn 1987.
Neidhart, Christoph: Nach dem Kollaps. Die ehemaligen Sowjetrepubliken. Zürich 1993.
Nielsen-Stokkeby, Bernd: Baltische Erinnerungen. Bergisch Gladbach 1990.
Pelc, Ortwin & Pickhan, Gertrud: Zwischen Lübeck und Novgorod. Wirtschaft, Politik und Kultur im Ostseeraum vom frühen Mittelalter bis ins 20. Jahrhundert. Lüneburg 1996.
Pistohlkors, Gert von: Ritterschaftliche Reformpolitik zwischen Russifizierung und Revolution. Göttingen o. J.
ders. u.a.: (Hg.) Bevölkerungsverschiebung und sozialer Wandel in den baltischen Provinzen Rußlands. Lüneburg 1995.
Rauch, Georg v.: Die baltischen Staaten. Stuttgart 1970 (Neuauflage 1990).
Schmidt, Alexander: Geschichte des Baltikums. München 1992.
Sozialistisches Osteuropakomitee (Hg.): Baltische Staaten. Hamburg 1985.
Thomson, Erik: Das Baltikum. Lüneburg 1964.
Urdze, Andrejs: Das Ende des Sowjetkolonialismus. Der baltische Weg. Reinbek 1991.
Vollmer, Johannes/Zülch, Tilman (Hg.): Aufstand der Opfer. Verratene Völker zwischen Hitler und Stalin. Göttingen 1989.
Welder, Michael: Reise in das Baltikum. Leer 1992.
Wittram, Rainer: Baltische Geschichte. München 1954.

Register

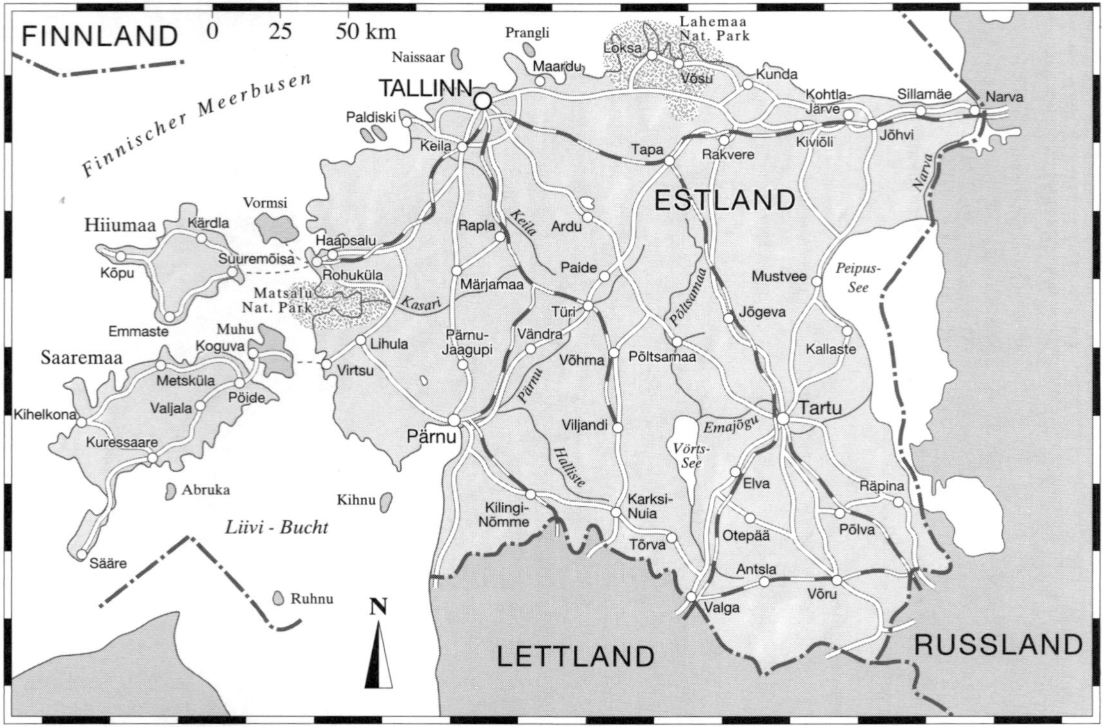
FINNLAND
0 25 50 km
Finnischer Meerbusen
Naissaar
Prangli
Lahemaa Nat. Park
Loksa
Maardu
Võsu
Kunda
Kohtla-Järve
Sillamäe
Narva
TALLINN
Paldiski
Keila
Tapa
Rakvere
Kiviõli
Jõhvi
Narva
ESTLAND
Vormsi
Hiiumaa
Kärdla
Haapsalu
Suuremõisa
Kõpu
Rohuküla
Rapla
Keila
Ardu
Paide
Märjamaa
Matsalu Nat. Park
Kasari
Türi
Põltsamaa
Mustvee
Peipus-See
Jõgeva
Emmaste
Muhu
Koguva
Saaremaa
Lihula
Pärnu-Jaagupi
Vändra
Võhma
Põltsamaa
Kallaste
Virtsu
Metsküla
Pärnu
Põide
Valjala
Kihelkona
Tartu
Viljandi
Emajõgu
Pärnu
Kuressaare
Võrts-See
Halliste
Elva
Räpina
Abruka
Kihnu
Kilingi-Nõmme
Karksi-Nuia
Põlva
Liivi - Bucht
Otepää
Tõrva
Antsla
Sääre
Võru
Valga
Ruhnu
N
LETTLAND
RUSSLAND

Länder und Städte in der Beck'schen Reihe

Albanien, von Ch. v. Kohl (bsr 872)
Politisches Lexikon Afrikas, hrsg. von R. Hofmeier/M. Schönborn (bsr 810) vergriffen, Neuauflage vorgesehen
Ägypten, von F. Büttner/I. Klostermeier (bsr 842)
Äthiopien, Eritrea, Somalia, Djibouti. Das Horn von Afrika, von V. Matthies (bsr 846)
Algerien, von W. Herzog (bsr 859), s. auch *Maghreb*
Politisches Lexikon Asien, Australien, Pazifik, hrsg. von W. Draguhn/ R. Hofmeier/M. Schönborn (bsr 827)
Belgien, von J. Schilling/R. Täubrich (bsr 829)
Berlin, von E. S. Freyermuth/G. S. Freyermuth (bsr 490)
Bhutan, von H. Wilhelmy (bsr 830)
Birma, von K. Ludwig (bsr 870)
Bolivien, von T. Pampuch/A. Echalar A. (bsr 813)
Brasilien, von M. Wöhlcke (bsr 804)
Brüssel, von M. Döpfner (bsr 1007)
Bulgarien, von G. Knaus (bsr 866)
China, von O. Weggel (bsr 807)
Cypern, von K. Hillenbrand (bsr 837)
Kleines Deutschland-Lexikon, von G. Haensch/A. Lallemand/A. Yaiche (bsr 855)
Djibouti s. Äthiopien
Kleines England-Lexikon, von P. Fischer/G. P. Burwell (bsr 814)
Eritrea s. Äthiopien
Estland, von K. Ludwig (bsr 881)
Fiji, Samoa, Tonga, von S. Bruno/A. Schade (bsr 854)
Finnland, von W. Albrecht/M. Kantola (bsr 847)
Frankfurt, von C. Kleis (bsr 1193)
Frankreich, hrsg. von G. Haensch/H. J. Tümmers (bsr 831)
Kleines Frankreich-Lexikon, von G. Haensch/P. Fischer (bsr 802)
Griechenland, von H. Eichheim (bsr 877)
Großbritannien, von H. Händel/D. Gossel (bsr 835)
Guatemala, von S. Kurtenbach (bsr 874)
Politisches Lexikon GUS, von R. Götz/U. Halbach (bsr 852)
Hamburg, von E. Eckhardt (bsr 1154)
Hongkong s. Taiwan
Horn von Afrika s. Äthiopien
Indien, von K. Gräfin v. Schwerin (bsr 820)
Indochina, von O. Weggel (bsr 809)
Irland, von M. P. Tieger (bsr 801)
Island, von P. Schröder (bsr 857)
Italien, von C. Chiellino/F. Marchio/G. Rongoni (bsr 821)
Kleines Italien-Lexikon, von C. Chiellino (bsr 819)
Japan, von M. Pohl (bsr 836)
Kleines Japan-Lexikon, von M. Pohl (bsr 861)
Jemen und Oman, von D. Ferchl (bsr 858)
Jordanien, von O. Köndgen (bsr 865)
Kanada, von S. Iwersen-Sioltsides/A. Iwersen (bsr 869)
Kenia, von H. Hecklau (bsr 853)

Kolumbien, von G. Dilger (bsr 864)
Korea, von H. W. Maull/I. M. Maull (bsr 812)
Politisches Lexikon Lateinamerika, hrsg. von P. Waldmann/H.-W. Krumwiede (bsr 845)
Madagaskar, von A. Osterhaus (bsr 867)
Madrid, von J. Oehrlein (bsr 1008)
Maghreb: Marokko, Algerien, Tunesien, von W. Herzog (bsr 834)
Marokko s. Maghreb
Mexiko, von K. Biermann (bsr 851)
Mongolei, von A. Schenk/U. Haase (bsr 848)
Politisches Lexikon Nahost/Nordafrika, hrsg. von U. Steinbach/R. Hofmeier/ M. Schönborn (bsr 850)
Nepal, von W. Donner (bsr 833)
Neuseeland, von A. Hüttermann (bsr 844)
New York, von G. M. Freisinger (bsr 422)
Niederlande, von J. Schilling/R. Täubrich (bsr 817)
Nigeria, von H. Bergstresser/S. Pohly-Bergstresser (bsr 839)
Nordafrika s. Nahost
Norwegen, von G. Austrup/U. Quack (bsr 828)
Oman s. Jemen
Peru, von E. v. Oerzten (bsr 822)
Philippinen, von R. Hanisch (bsr 816)
Polen, von T. Urban (bsr 875)
Portugal, von G. und A. Decker (bsr 806)
Prag, von C. Bartmann (bsr 1050)
Politisches Lexikon Rußland, von R. Götz/U. Halbach (bsr 856)
Rumänien, von K. Verseck (bsr 868)
Samoa s. Fiji
Schweden, von G. Austrup (bsr 818)
Schweiz, von M. Schwander (bsr 840)
Simbabwe, von M. Pabst (bsr 878)
Slowakei, von S. Vykoupil (bsr 876)
Slowenien, von P. Rehder (bsr 879)
Somalia s. Äthiopien
Spanien, von W. Herzog (bsr 811)
Kleines Spanien-Lexikon, von G. Haensch/G. Haberdamp de Antón (bsr 825)
Südafrika, von M. Pabst (bsr 871)
Taiwan/Hongkong, von O. Weggel (bsr 849)
Thailand, von W. Donner (bsr 862)
Tibet, von K. Ludwig (bsr 824)
Tonga s. Fiji
Tschechien, von J. Burgerstein (bsr 873)
Tunesien s. *Maghreb*
Turin, von M. Knapp-Cazzola (bsr 1019)
Türkei, von F. Sen (bsr 803)
Kleines Türkei-Lexikon, von K. Kreiser (bsr 838)
Ukraine, von E. Lüdemann (bsr 860)
Ungarn, von S. Kurtán/Karin Liebhart/Andreas Pribersky (bsr 880)
USA, von R. Rode (bsr 843)
Kleines USA-Lexikon, von J. Redling (bsr 826)
Venedig, von G. Salvatore (bsr 1092)
Weißrußland, von D. Holtbrügge (bsr 863)